뉴시티 교리문답 커리큘럼

인도자 가이드 3

죠이선교회는 예수님을 첫째로(Jesus First)
이웃을 둘째로(Others Second)
나 자신을 마지막으로(You Third) 둘 때
참 기쁨(JOY)이 있다는 죠이 정신(JOY Spirit)을 토대로
하나님 나라의 확장을 위해 지역 교회와 협력, 보완하는
선교 단체로서 지상 명령을 성취한다는 사명으로 일합니다.

죠이선교회 출판부는 그리스도를 대신한 사신으로
문서를 통한 지상 명령 성취와 하나님 나라 확장을 위해 노력합니다.

The New City Catechism Curriculum, Vol. 3, Leader's Guide: Spirit, Restoration, Growing in Grace, Questions 36-52
Copyright © 2018 by The Gospel Coalition
Published by Crossway
a publishing ministry of Good News Publishers
Wheaton, Illinois 60187, U.S.A.

This Korean translation edition © 2018 by JOY Books, Seoul, Republic of Korea.
This edition published by arrangement with Crossway
through rMaeng2, Seoul, Republic of Korea.
All rights reserved.

이 한국어판의 저작권은 알맹2 에이전시를 통하여 Crossway와 독점 계약한 죠이북스에 있습니다.
신 저작권법에 의하여 한국 내에서 보호받는 저작물이므로 무단 전재와 무단 복제를 금합니다.

죠이북스는 죠이선교회의 임프린트입니다.

뉴시티 교리문답 커리큘럼

인도자 가이드 3

성령 하나님, 회복, 성화

문답 36-52

서문

「뉴시티 교리문답 커리큘럼」에 오신 여러분을 환영합니다! 여러분이 돌보는 아이들이 그리스도의 제자로서 신학적으로 탄탄하고, 확신에 차며, 덕스럽고, 용기 있는 사람이 되는 데 이 커리큘럼이 좋은 자료가 되길 기도합니다. 이 커리큘럼은 쉰두 개의 수업으로 구성되어 있습니다. 각 과는 「뉴시티 교리문답」에 있는 질문을 하나씩 다루고 있습니다. 이 커리큘럼은 주로 초등학생을 대상으로 하지만, 교회학교, 홈스쿨, 기독교 학교, 방과 후 교실 등 매우 다양한 상황에서 활용할 수 있도록 구성되어 있습니다. 지역 교회와 가정에서 함께 이 교리문답을 가르친다면, 더욱 유익할 것입니다.

교리문답이 무엇인가요?

교리문답(catechism)은 성경의 교리들을 모은 것으로, "질문"과 "대답" 형식으로 이루어져 있습니다. 이 용어는 신약 성경에 나오는 "카테오"(katecheo)라는 단어에서 비롯되었습니다. 카테오는 간단히 말하면 "가르치거나 지도하다"라는 뜻입니다. 교리 교육 과정은 종교개혁에 그 뿌리를 두고 있습니다. 마르틴 루터, 장 칼뱅, 그리고 다른 여러 종교개혁자는 교리와 성경에 무지하지 않도록 아이와 어른 모두에게 교리를 가르치려고 애썼습니다. 교회사를 살펴보면, 성경에 근거한 이 교리 교육 과정이 아주 결정적인 순간에 매우 큰 영향을 주었다는 것을 증명하고 있습니다. 우리는 그리스도의 백성이 늘 변화하고 때로 적대적인 문화에 맞서 굳건히 버티기 위해서는 무엇보다 이 오래된 교육이 교회에 필요하다고 믿습니다.

이 커리큘럼의 목적은 무엇인가요?

아이들에게 교리를 가르치기 위하여!

아이들은 끊임없이 배웁니다. 아이들이 지닌 탐구 정신은 정말 놀라운 속도로 정보를 빨아들입니다. 그들은 살아가기 위해서, 그리고 더 나아가 번성하기 위해서 기술을 습득하며 복잡하고도 변화무쌍한 세상을 이해하려고 노력합니다. 그렇게 배우는 동안 아이들의 정신에는 이해의 틀이 세워집니다. 우리는 이것을 세계관이라고 부릅니다. 아이든, 어른이든 누구나 나름의 세계관을 통해 세상을 관찰하고 세상과 소통합니다. 아이를 키우면서 그들에게 세상과, 세상이 돌아가는 방법과, 그 세상에서 그들이 지닌 고유한 목적을 이해시키는 것은 가슴 뛰면서도 매우 큰 책임이 따르는 일입니다.

아이에게 교리를 가르친다는 것은 논리 정연하고 폭넓은 사고 체계를 심어 주어 성경적 틀 안에서 세상과, 그 안에서 겪은 자신의 경험을 자신 있게 해석하도록 준비시키는 것입니다. 또한 신앙에 필요한 기본 교리를 이해하고 사랑하도록 아이들을 양육하는 것입니다. 아이에게 교리를 가르치는 것은 평생의 믿음을 위해 깊고 굳건한 성경적 기반을 다지는 일입니다.

덕을 세우기 위하여!

「뉴시티 교리문답 커리큘럼」은 아이들이 건전한 교리를 배울 뿐 아니라 그 교리에 반응하고 교리대로 살아가도록 돕기 위해 만들어졌습니다. 「뉴시티 교리문답」에 있는 각 질문은 그리스도인의 열 가지 덕목 가운데 하나를 다루는 "덕목 찾기"(Virtue Vision)를 포함하고 있습니다. 어떤 면에서 이 열 가지 덕목은 교리문답의 질문과 연결됩니다. 그 덕목은 "경외, 용서, 감사, 정직, 희망, 겸손, 기쁨, 사랑, 인내, 신뢰"입니다.

「뉴시티 교리문답 커리큘럼」에서 강조하고 의도하는 것은 각 과를 배우는 아이들의 마음을 가꾸어 주고 그 마음에 중요한 영향을 끼치는 것입니다. 교리문답이 경건하고 성숙하며 덕스러운 젊은이들을 양육하는 데 크게 기여하리라는 희망을 품고 말입니다. 이것은 행동을 변화시키기보다는 아이들이 교리문답과 커리큘럼을 통해 하나님 말씀을 마주할 때 세심한 마음으로 그 말씀을 의식하도록 돕는 것입니다. 이 커리큘럼은 성경으로 빚어져서 이 시대를 거스르며 세상에서 우뚝 서는 성숙한 그리스도인의 특성을 아이들 안에 키우고자 합니다. 이 커리큘럼은 아이들의 마음과 생각 모두를 그리스도인답게 단련시켜 하나님과 이웃을 사랑하도록 준비시킵니다(아이들 안에 믿음과 덕목을 키우는 데 도움을 줄 정보와 연구 자료를 더 찾고 싶다면, newcitycatechism.com/virtue를 방문하십시오).

커리큘럼 활용법

「뉴시티 교리문답 커리큘럼」은 초등학생에 맞추어 흥미롭고 활동적이며 창의적인 과정으로 기획되었습니다. 이 커리큘럼은 문1에서 시작하여 문52에 이르기까지 순서대로 가르치도록 구성되어 있습니다. 한 주에 한 과씩 다룬다면, 일 년 동안 가르칠 수 있습니다. 그러나 이 과정은 각 교회나 학교 일정에 맞추어 얼마든지 바꿀 수 있습니다.

커리큘럼은 세 권으로 나뉘어 출간되었습니다.

1권 : 성부 하나님, 창조와 타락, 율법(문답 1–20에 해당하는 스무 과)
2권 : 성자 하나님, 구속, 은혜(문답 21–35에 해당하는 열다섯 과)
3권 : 성령 하나님, 회복, 성화(문답 36–52에 해당하는 열일곱 과)

각 과의 분량은 다양한 상황에 맞추어 변형할 수 있습니다. 13쪽에 있는 "학습 계획"의 세 가지 예시를 참고하십시오. 학습 계획 예시들은 분량이 다양한데, 이것은 각 수업 환경에 맞도록 커리큘럼을 적절하게 조정할 수 있다는 것을 강조합니다. 가장 기본이 되는 요소들은 가장 짧은 개요에 포함되어 있습니다. 시간을 더 많이 활용할 수 있다면, 기본 요소들을 보강해 줄 다른 활동들을 선택하여 좀 더 긴 학습 개요를 적용할 수도 있습니다.

각 요소에는 시간이 할당되어 있습니다. 즉 이것은 대략적인 안내서일 뿐이라는 의미입니다. 한 요소에 걸리는 시간은 함께 학습하는 아이의 수나 연령대, 교사 수 등 여러 요인에 따라 달라질 수 있습니다. 각자 상황에 따라 각 요소에 얼마나 시간이 필요할지를 신중하게 정하십시오. 활동이 잘 진행된다면 할당된 시간을 넘길 수도 있습니다. 또는 시간을 다 채우지 않고 마무리하는 것이 더 좋은 방법일 수도 있습니다.

수업 계획안에 규정된 대로 정확하게 해야 한다는 의무감은 버려도 됩니다. 아이들이 좋아하는 특정 교리문답 정리 방식이 있다면, 수업 계획안에서 지시하는 방식보다는 그 방식을 자유롭게 활용하십시오. 마찬가지로 아이들이 더 잘 암송하도록 돕는 특정 방법이 있다면, 그 방법을 더 많이 활용하십시오.

어떤 반에는 조용한 활동을 좋아하는 아이들이 모여 있을 것입니다. 또 어떤 반에는 몸을 움직이는 활동을 좋아하는 아이가 많을지도 모릅니다. 아이들에 따라 효과가 분명한 방식을 적용하여 교리를 설명하십시오. 그럴수록 「뉴시티 교리문답 커리큘럼」을 통해 더 성공적으로 아이들을 훈련할 수 있을 것입니다.

암송은 이 커리큘럼의 기본 요소입니다. 이 커리큘럼의 핵심은 아이들이 교리문답의 질문과 대답, 그리고 그에 따른 성경 구절을 배우도록 돕는 것입니다. 각 과는 암기 과제

(교리문답 정리)로 시작해서, 암송 놀이(암송 활동)로 마무리됩니다. 교리문답 정리는 아이들이 그동안 배운 교리문답의 질문들을 기억해 내고 강화하도록 돕습니다. 암송 활동은 성경 구절을 배우거나 새로운 교리문답의 질문을 암송하는 데 활용될 수 있습니다.

때로 교리문답 정리 부분에서는 다양한 활동에 맞춰 질문과 대답을 다양한 크기로 프린트할 필요가 있습니다. "(다운로드)"라는 표시는 이 활동을 위해 준비한 PDF를 죠이북스 홈페이지(www.joybooks.co.kr) 자료실에서 다운받을 수 있다는 의미입니다.

많은 과에 포함된 시각 자료들은 자료집에서 찾아볼 수 있습니다. 이 자료들은 자료집에서 복사하거나 죠이북스 홈페이지 자료실에서 다운받을 수 있습니다. 어떤 자료는 활동에 필요한 연습 문제지입니다. 그런 경우에는 아이 한 명당 하나씩 필요합니다. 또 어떤 자료는 함께 토론하는 데 유용한 시각 보조 자료입니다. 이 자료용 사진이나 그림은 확대해서 프린트하거나 복사하면 더 유용할 것입니다.

아이들을 더 잘 이끌고 사랑하기 위한 방법

아이들은 사랑이 풍성한 환경에서 가장 잘 배웁니다. 한결같은 수업 인도는 아이와 인도자 사이에 좋은 관계를 맺을 수 있게 합니다. 비록 이것이 늘 유지되도록 하는 것은 힘들겠지만 얼마간은 지속하는 것을 강하게 권합니다.

어떻게 기도할 것인가

여러분이 가르치는 아이들을 더욱 사랑하는 가장 좋은 방법은 그 아이들을 위해 꾸준히 기도하는 것입니다. 아이들을 일곱 팀으로 나누십시오. 그리고 일주일 동안 하루에 한 팀씩 아이들을 위해 기도하십시오.

수업을 시작하기 전에 인도자들은 함께 모이십시오. 그리고 교리를 배우는 아이 한 사람 한 사람의 마음과 생각에 하나님이 일하시길 기도하십시오.

수업을 어떻게 계획할 것인가

수업 계획은 매우 중요합니다. 수업 전날 밤에 벼락치기하듯 준비하는 것은 좋지 않습니다!

여러분이 돌보는 아이들에게 신실하고 호감이 갈 만한 방식으로 교리를 가르칠 수 있도록 하나님이 도와주시길 기도하며 수업 계획을 시작하십시오(각 과마다 인도자가 드릴 기도가 포함되어 있습니다). 커리큘럼 자료를 충분히 읽으면서 수업 계획을 세우는 데 활용할 요소들을 주의 깊게 생각하십시오. 시간 배분에 주의를 기울이십시오. 특히 성경 본문을 제대로 가르칠 시간을 충분히 남겨 두십시오.

여러분의 수업 계획에 포함시킬 요소들을 결정했다면, 인도자가 준비해야 할 목록("준비하십시오")을 살펴보고 수업에 필요한 자료가 무엇일지 정합니다. 보조 자료를 구매해야 할 수도 있으므로 많은 시간을 들여 이 목록을 꼼꼼히 점검하는 것이 중요합니다. 목록에 실린 보조 자료는 대부분 쉽게 구할 수 있습니다.

마지막으로 성경 본문과 "수업 개요"를 여러 번 읽으십시오. 수업 개요는 단지 안내자일 뿐입니다. 저마다 자신이 가르치는 아이들과 상황에 맞추어 수업 개요를 더 상세히 하거나 변형할 수 있습니다. 여러분 자신의 말로 이야기를 써 보십시오. 그리고 여러분이 가르치는 아이들과 연관될 만한 사례와 적용을 포함해 보십시오.

각 과마다 "토론과 질문" 시간이 있습니다. 이 부분은 인도자가 아이들에게 질문하는 시간이 아닙니다. 그보다는 아이들이 물을 만한 질문들에 인도자가 대비할 수 있도록 도와주는 부분입니다. 여러분이 가르치는 아이들이 던지는 질문은 모두 다를 것입니다. 여러분이 하나님 말씀에 따라 잘 대답할 수 있도록 성령님께 도움을 구하는 것이 꼭 필요합니다.

반을 어떻게 운영할 것인가

아이들은 경계선이 확실한 상황에서 즐거워하고 잘 성장합니다. 함께 공부하는 동안 어떻게 행동하길 바라는지를 아이들과 명확하게 소통하십시오. 예를 들면 다음과 같습니다.

- 하고 싶은 말이 있을 때는 손을 든다.
- 다른 사람이 말하고 있을 때는 말하지 않는다.
- 허락 없이 공부하는 자리를 떠나지 않는다.
- 다른 아이들과 늘 사이좋게 지낸다.

그러나 아이들이 있는 곳은 학교가 아니라는 사실을 명심하십시오. 즉 경계선을 분명히 하면 도움이 되지만, 배우는 환경에는 기쁨과 은혜가 풍성해야 합니다. 인도자는 저마다 아이들에게 그리스도인의 덕목을 분명하게 보여 주는 본이 되기 위해 힘써야 합니다. 특히 「뉴시티 교리문답 커리큘럼」에서 강조하는 열 가지 덕목을 보여 주어야 합니다.

수업이 지루하거나 잠시 중단될 때면 아이들은 장난을 칩니다. 따라서 좋은 계획과 준비가 수업을 하는 데 도움을 줄 것입니다.

수다스럽거나 수업 분위기를 흐리는 아이 곁에 앉아 그 아이가 집중하고 수업에 잘 참여할 수 있도록 독려하십시오. 집중하도록 도울 때는 그 아이에게 불필요한 관심이 쏠리지 않아야 합니다. 덜 야단스러울수록 더 좋습니다.

함께 공부하는 아이들의 이름을 외우는 것이 좋습니다. 그래서 대답할 아이를 지적하거나 칭찬을 해줄 때는 이름을 부르는 것이 효과적입니다. 함께 공부하면서 아이들이 서로 이야기를 나누게 하는 것은 아이들로 하여금 적극적으로 듣는 자세를 키워 줍니다.

심각하게 문제를 일으키는 아이와는 개인적으로 만나 이야기를 나누십시오. 그 아이의 행동이 나머지 아이들에게 얼마나 해롭고 마음을 산란하게 하는지 잘 설명하십시오. 그래도 계속 문제를 일으킨다면, 그 아이의 부모님도 함께 수업에 참여시키는 것도 좋은 방법입니다.

어떻게 암송을 도울 것인가

암송을 잘하는 비결은 반복입니다! 단 한 번만 듣고도 아이들이 잘 기억하길 바라는 것은 허황된 기대입니다. 특히 창조적인 반복 학습이 암송에 도움을 줍니다. 예를 들면, 계속 반복해서 듣거나 노래를 부르면 머릿속에 잘 기억될 수 있습니다. 아이들은 다양한 방식으로 배웁니다. 듣고, 보고, 행하는 모든 방법이 아이들의 암송을 도울 수 있습니다.

복습 역시 암송을 돕는 아주 좋은 수단입니다. 그래서 「뉴시티 교리문답 커리큘럼」은 모든 과가 "교리문답 정리"로 시작합니다. 정기적인 복습은 암송 실력을 상당히 높여 줍니다. 그렇기 때문에 「뉴시티 교리문답 커리큘럼」을 교회에서뿐 아니라 가정에서도 함께 공부한다면 더욱 효과적일 수 있습니다.

설명도 암송하는 데 매우 중요합니다. 무언가를 이해하고 있다면, 기억하기가 훨씬 쉽기 때문입니다. 아이들이 교리문답의 질문과 답이 무슨 내용인지 이해한다면, 교리문답의 질문을 더욱 깊이 새길 수 있을 것입니다.

아이들 마음에 어떻게 적용시킬 것인가

아이들을 훈련하고 지도하는 일과 그들의 마음을 보살펴 그들의 특성을 잘 살리는 일은 아주 긴밀하게 연결되어 있습니다. 그렇기 때문에 아이들을 가르치는 사람인 인도자는 아이들이 배운 내용이 머리에서 가슴으로 옮겨 가도록 돕는 일에 관심을 기울여야 합니다. 지식적으로 무언가를 알고 이해하는 것과 진리에 깊이 영향을 받은 마음을 품는 것은 큰 차이가 있습니다.

그렇다면 아이들을 가르치고 훈련하며 교리를 교육할 때, 그 아이들의 마음을 어떻게 사로잡아야 할까요? 우선 그 일이 쉽지 않다는 것을 인정해야 합니다. 그 일은 굉장히 힘들 뿐 아니라 굳은 결의가 필요합니다. 성경을 잘 가르치는 일, 즉 지식을 머리에 넣는 일은 상당히 쉽습니다. 반면 그 성경을 아이들 마음에 잘 심어 주는 일, 즉 지식이 가슴에서 잘 자라게 하는 일은 상당히 어렵습니다.

마음의 틀을 짜고 형태를 만드는 일은 과정이라는 사실을 기억하는 것이 중요합니다. 그 일은 시간이 걸릴 뿐 아니라 나이와 시기, (육체적, 정서적, 사회적) 발달 정도에 따라 아이들마다 모두 다르게 나타납니다. 영적 성숙에 관해서라면 더욱 모든 상황이 같지 않습니다.

아이들에게 "마음의 언어"를 사용해 보십시오. 마음의 언어는 아이들의 마음이 중요하다는 것과 그 마음이 삶의 방식에 영향을 끼친다는 것을 아이들 안에 스며들게 하는 데 도움이 될 것입니다.

인도자가 매주 바뀐다면, 아이들에게 진정으로 마음 깊이 적용시키는 일이 훨씬 어려워집니다. 인도자와 아이들의 관계가 깊어지지 못하기 때문입니다. 인도자가 아이들을 잘 알아야 아이들에게 말씀을 잘 적용할 수 있습니다. 아이들의 마음을 사로잡아 (단순히 지식으로의 하나님에 대해서가 아니라) 하나님을 잘 알게 하려면 의미 있는 관계를 맺어야 합니다. 아이들은 자기 마음에 하나님 말씀을 적용하고자 애쓰고, 자신들 앞에서 정직하고 투명한 삶을 살아가는 그리스도인 어른들의 삶을 정기적으로 접해 봐야 합니다.

덕목은 단순히 가르쳐서 되는 것이 아닙니다. 삶으로 보여야 합니다! 인도자는 자신의 삶에 그리스도인의 특성을 드러내어 오늘날 이 세상에서 이 교리들을 어떻게 살아내는지를 아이들에게 본으로 보여야 합니다. 인도자가 진정한 신앙을 드러내고 덕목대로 살아간다면, 아이들에게 매우 유익하고 큰 용기를 불어 넣어 줄 수 있습니다. 또한 인도자의 영혼도 분명 성장할 것입니다.

이야기를 나누며 분명한 예시와 사려 깊은 적용을 활용하는 것은 아이들의 마음을 사로잡는 데 매우 중요한 방법입니다. 그렇기 때문에 자신이 가르치는 아이들에게 더 깊은 반향을 일으킬 수 있도록 「뉴시티 교리문답 커리큘럼」의 수업 개요를 저마다 자기 상황에 맞추는 작업이 매우 중요합니다.

아이들을 효과적으로 참여시키려면, 아이들의 마음을 알고 이해하기 위해 엄청난 노력을 쏟아야 합니다. 특히 아이들이 우상으로 숭배하고 싶어 하는 것은 더욱 그렇습니다. 이 말은 인도자가 아이들의 세상을 잘 알고 이해해야 한다는 의미입니다. 아이들이 보는 것과 배우는 것, 또래 아이들이 말하는 것, 그리고 궁극적으로 아이들이 세상에서 마주하는 세계관을 알아야 합니다.

마음을 참여시키고자 애쓸 때는 아이들과 일대일로 공부하는 방식이 특히 유용합니다. 교실에서 또는 부모님과 집에서 배울 때는 일대일로 공부할 수 있습니다. 일대일로 공부할 때는 아이들이 인도자에게 마음을 꿰뚫는 질문을 하기도 하고, 다시 인도자가 아이들에게 그러한 질문을 던질 수도 있습니다.

우리는 아이들에게 자기 마음에 설교하는 기술을 가르칠 기회를 얻었습니다. 이 기술 때문에 교리문답이 끊임없이 활용되는 것입니다.

멜라니 레이시
"어린이와 청소년을 위한 신학"(Theology for Children and Youth) 책임자
오크힐 대학

학습 계획

75분 수업 계획
- 교리문답 정리(5분)
- 질문 소개(5분)
- 활동(10분)
- 수업 개요(15분)
- 활동(10분)
- 토론과 질문(5분)
- 덕목 찾기(10분)
- 암송 활동(10분)
- 마치는 기도(5분)

45분 수업 계획
- 교리문답 정리(10분)
- 질문 소개(5분)
- 수업 개요(15분)
- 토론과 질문(5분)
- 덕목 찾기(10분)

30분 수업 계획
- 교리문답 정리(10분)
- 질문 소개(5분)
- 수업 개요(15분)

→ 아이들에게 가장 효과적인 시간을 선택하여 **활용하십시오.**

→ 아이들에게 가장 효과적인 수업 요소들을 서로 섞고 수정하는 것을 **두려워하지 마십시오.**

인도자 가이드 3

성령 하나님
회복
성화

문36

성령에 관해 우리는 무엇을 믿습니까?

답

우리는 성령이 하나님이라는 것,
성부와 성자와 영원히 공존하신다는 것을 믿습니다.

핵심 개념
성령님은 하나님이며, 삼위일체의 영원한 구성원이시다.

목적
성령님은 힘이 아니라 하나님의 한 위격이라는 사실과 하나님이 성령님을 보내셔서 우리를 돕는 자가 되게 하셨다는 사실을 아이들이 이해하도록 돕는다.

성경 본문
요한복음 14장 15-31절

암송 구절
"내가 아버지께 구하겠으니 그가 또 다른 보혜사를 너희에게 주사 영원토록 너희와 함께 있게 하리니 그는 진리의 영이라 세상은 능히 그를 받지 못하나니 이는 그를 보지도 못하고 알지도 못함이라 그러나 너희는 그를 아나니 그는 너희와 함께 거하심이요 또 너희 속에 계시겠음이라"(요 14:16-17).

핵심 덕목
사랑

Notes

기억하십시오

아이들에게 성령론을 설명할 때 단순하게 해야 합니다. 그리고 삼위일체 하나님 안에서 성령님이 지니시는 중요성과 더불어 그리스도인의 삶에서 담당하시는 역할을 아이들이 이해할 수 있도록 자주 가르쳐야 합니다. 이번 문답은 아이들이 이미 문3을 통해 알게 된 내용을 더 자세히 다룰 것입니다. 이번 문답의 목적은 성령님이 하나님이며, 성령님이 성부와 성자와 영원히 공존하신다는 사실을 아이들이 더 깊이 이해하도록 하는 것입니다.

수업을 계획하고 가르칠 때 기억할 것들

- 성령론은 아이들이 이해하기가 어렵습니다. 인도자는 인내를 가지고 분명하고도 구체적으로 설명하십시오. 어떤 아이들은 다른 아이들보다 이 교리를 빠르게 이해할 것입니다. 그 두 부류의 아이들 모두 수업에 적극적으로 참여하도록 독려해야 합니다. 하나님이 자기 백성 가운데 거하신다는 개념이 얼마나 놀라운 것인지를 강조하십시오.
- 인도자는 자신이 정한 시간 계획에 맞추어 이 문답에 있는 활동을 섞거나 수정할 수 있습니다(학습 계획을 예시한 13쪽을 참조하십시오). 그 요소들을 모두 할 시간이 없을지도 모릅니다. 여러분이 가르치는 아이들의 강점과 약점에 따라 각 활동을 자유롭게 응용하십시오.

기도하십시오

삼위일체 하나님, 성부 성자 성령님께 큰 찬양을 올려드립니다. 하나님이 지으신 이 세상, 그리고 제 삶에서 행하신 놀라운 일에 감사드립니다. 성부 하나님, 성령님을 보내셔서 제 삶 가운데 거하게 하시니 감사합니다. 또한 매일 일하시며 저를 도우셔서 예수님에 대해 더 많은 것을 알게 하시고, 더욱 그리스도를 닮게 하심을 기뻐합니다. 이번 문답을 배우는 아이들에게 이해하는 마음을 주십시오. 삼위일체 하나님을 볼 때마다 기쁨과 경이로 가득하게 해주십시오. 예수님의 이름으로 기도합니다. 아멘.

준비하십시오

- "문36 교리문답 정리"(다운로드)
- 봉투
- 화이트 보드와 펜
- 샤이 린의 〈삼위일체 찬양〉(유튜브에서 "Triune Praise by Shai Linne" 검색)
- 종이

문36 | 성령에 관해 우리는 무엇을 믿습니까?

- 색연필
- 커다란 판지

Notes

교리문답 정리

"문36 교리문답 정리"(다운로드)를 프린트하여 단어별로 자르십시오. 단어를 봉투 안에 넣으십시오. 모든 팀이 사용할 수 있도록 충분히 만드십시오. 아이들을 네다섯 명으로 묶어 한 팀을 만드십시오.

아이들을 몇 팀으로 나누어 문3의 질문과 답이 담긴 봉투를 하나씩 나눠 주십시오. 아이들에게 봉투에는 각각 문제와 답이 들어 있는데, 바른 순서대로 배열하여 문답을 파악해야 한다고 말해 주십시오. 아이들에게 시간을 정해 주고 문답을 조합하게 하십시오. 아이들에게 문3이 이번 과의 문답과 밀접한 관계가 있다고 말해 주십시오.

문36 소개

아이들에게 누군가를 돕는다는 것이 무슨 의미인지 물어보십시오. 아이들에게 남을 돕는 직업군을 이야기해 보라고 하십시오. 아마도 다음과 같이 이야기할 것입니다.

- 의사
- 간호사
- 소방관
- 경찰관
- 구급 대원
- 선생님
- 군인

아이들에게 이번 문답은 하나님이 자기 백성을 돕기 위해 특별히 보내신 분에 관한 내용이라고 설명하십시오. 하나님은 자기 백성이 언제나 자신의 도움을 필요로 한다는 사실을 아셨습니다. 그래서 이 세상 끝날까지 그들과 함께하겠다고 약속하셨습니다. 문36을 읽어 주십시오. "성령에 관해 우리는 무엇을 믿습니까?" 아이들에게 문3에서 한 하나님 안에 세 위격, 즉 성부, 성자, 성령 하나님이 계시다는 사실을 배웠다고 알려 주십시오. 아이들에게 이번 문답을 통해 성령 하나님, 즉 하나님이 보내기로 약속하신 돕는 분에 대해 많이 배우게 될 것이라고 말해 주십시오.

Notes

활동

아이들에게 성령님에 관해서 몇 가지를 설명할 텐데, 그 진술이 참인지 거짓인지 생각해 보라고 하십시오. 아이들에게 그 진술이 참이라고 생각하면 교실 왼쪽으로 가고, 거짓이라고 생각하면 교실 오른쪽으로 움직이라고 지시하십시오. 답을 잘 모르겠다면 교실 가운데 서 있어도 괜찮다고 말해 주십시오.

1. 성령님은 신약에서 처음 등장하셨다. (거짓)
   성령님은 하나님과 영원히 공존하시며 세상을 창조하실 때도 계셨습니다(창 1:1).
2. 성령님은 하나의 위격이다. (참)
   성령님은 삼위일체 하나님의 세 번째 위격입니다.
3. 성령님은 모든 사람 안에 거하신다. (거짓)
   성령님은 다시 태어난 사람 안에 거하십니다(롬 8:9-10).
4. 성령님은 오순절에 처음으로 나타나셨다. (거짓)
   성령님은 오순절에 믿는 자들에게 임하셨습니다(행 2:1-13). 하지만 성령님은 영원히 존재하셨으며 역사 내내 활동하셨습니다(삼상 16:13).
5. 성령님은 약속에 따라 오신 돕는 분이다. (참)
   예수님은 하늘로 올라가시며 자신 대신 누군가를 보내겠다고 약속하셨습니다(요 14:15-17). 성령님이 바로 그 약속하신 돕는 분입니다.
6. 성령님은 삼위일체 가운데 성부와 성자와 동일하다. (참)
   그렇습니다. 성령님은 삼위일체 가운데 성부와 성자와 동일하십니다. 삼위일체는 한 하나님 안에 동일한 세 개의 위격으로 구성됩니다.
7. 성령님은 성부와 성자를 사랑하신다. (참)
   삼위일체 하나님의 세 위격은 언제나 사랑 가운데 존재해 오셨습니다.

활동을 마무리하면서 아이들에게 다음 문장을 완성해 보도록 하십시오.

- 성부 하나님, 성자 하나님, 성령 _____? (답: 하나님)
- 성자는 성부가 아니며, 성부는 성령이 아니며, 성령은 _____(이)가 아니다? (답: 성자 또는 성부)

수업 개요

수업을 시작하면서 하나님께 도움을 구하십시오. 자신이 이번 문답을 신실하게 가르치게 해달라고, 아이들이 잘 듣게 해달라고 간구하십시오.

요한복음 14장 15-31절을 읽으십시오. 아이들이 말씀을 함께 읽을 수 있도록 성경을 준비

문36 | 성령에 관해 우리는 무엇을 믿습니까?

Notes

하십시오.

이 구절은 예수님이 자기 제자들에게 말씀을 하시는 부분입니다. 예수님은 언젠가 자신이 그들을 떠나야만 한다고 말씀하셨습니다. 하지만 다른 분을 보내셔서 제자들과 함께 있게 하실 것이라고 약속하셨습니다.

예수님은 자신과 동일한 위격이신, 돕는 분이 오실 것이라고 설명하십시오.

17절에서 예수님은 이 돕는 분이 누구신지를 분명히 밝히십니다. 예수님은 그분을 진리의 영이라고 하십니다. 성령님은 약속대로 오신 돕는 분입니다. 때로 사람들은 성령님을 그저 생명력 또는 미지의 힘으로 생각합니다. 하지만 성경은 언제나 성령님을 한 위격으로 그립니다. 이는 성령님에게는 의지가 있고, 그분이 움직이신다는 것을 의미합니다. 더 나아가 성령님은 하나님으로 그려집니다(행 5:3-4).

제자들은 예수님이 떠나셔야 한다는 생각에 매우 슬펐습니다. 하지만 예수님은 성령님이 임재하시기 때문에 외롭지 않을 것이라고 안심시키셨습니다. 그리고 제자들은 언젠가 다시 예수님의 임재 가운데 거하게 될 것입니다. 이것이야말로 그리스도인에게 주어지는 가장 놀라운 선물입니다!

성령님은 예수님의 요청에 따라 제자들 가운데 거하십니다. 남을 돕는 직업을 가진 사람들도 필요할 때만 다른 사람들을 돕지만, 성령님은 하나님의 백성 안에 사시기 때문에 항상 그들과 함께하시며 도우십니다!

아이들에게 성령님이 그리스도인의 삶에 임재하신다는 사실을 얼마나 중요하게 생각하는지 물어보십시오. 어떤 다른 종교에도 이와 유사한 개념 자체가 없습니다. 성령 하나님이 그리스도인 안에서 사신다는 사실은 참으로 독특한 것입니다.

성령 하나님은 그리스도인 안에 사시며 예수님에 대해 더 많이 배우며, 예수님을 더 많이 이해하도록 돕습니다. 성령님은 진리를 가르치시는 분이며(26절), 평화를 주시는 분입니다(27절).

아이들에게 성령님이 다음과 같다고 설명하며 마무리하십시오.

- 인격적이다.
- 하나님이다.
- 그리스도인에게 주신 선물이다. 하지만 세상 사람들은 보지 못하고 이해하지 못한다.
- 하나님의 백성에게 예수님을 드러내 주신다.

아이들이 문36과 답을 기억하도록 도우면서 수업을 마치십시오.

이 내용은 단순히 수업 지도를 위한 것입니다. 가르치는 아이들과 상황에 따라 이 내용을 확장하거나 수정하십시오. 여러분의 말로 여러분의 이야기를 쓰십시오. 그리고 아이들에게 적절하게 응용할 만한 예화나 적용을 추가하십시오.

Notes

활동

샤이 린의 〈삼위일체 찬양〉을 아이들에게 들려줄 수 있도록 준비하십시오. 그리고 아이들에게 종이와 색연필을 나눠 주십시오.

〈삼위일체 찬양〉을 들려주면서, 삼위일체 하나님에 대해 들리는 단어를 받아 적도록 하십시오. 특별히 성령님에 대한 단어에 집중해 보라고 하십시오. 노래를 들으면서 그 단어를 색연필로 꾸미게 하십시오.

토론과 질문

아이들은 다음과 같은 질문을 할 수도 있습니다.

? 성령님이 오셔서 그리스도인 안에 사실 때, 그것을 느낄 수 있나요?

성령님은 한 사람이 그리스도인이 되는 순간, 그 사람 안에 들어오셔서 거하십니다. 새롭게 그리스도인이 된 사람은 아무것도 느끼지 못할 수 있습니다. 하지만 성령님은 그가 예수님을 따르도록 도우시면서 삶에서 차이를 만들어 내기 시작하십니다.

? 성령님이 인격체(위격, person)라면 왜 볼 수 없나요?

성부 하나님처럼 성령 하나님도 눈으로 볼 수는 없습니다. 그분은 영이시기 때문에 몸이 없습니다. 하지만 우리는 그분을 비인격적인 힘과 혼동하지 말아야 합니다.

다음 질문을 통해 아이들이 자신의 삶을, 그리고 이 교리문답이 각자에게 어떻게 영향을 줄지를 생각하도록 도와주십시오.

- 성령님과, 그리스도인의 삶에서 성령님이 하시는 역할을 깨달을 때 즐거움이 있었나요?
- 성령님에 대해 전혀 들어 보지 못한 사람이 있다면 성령님이라는 개념을 어떻게 설명할 것인가요?
- 성령님이 도우시는 것을 경험한 적이 있나요?

덕목 찾기

사랑

아이들에게 우리는 보통 사랑이란 발렌타인 데이, 강아지, 스포츠 팀, 또는 우리의 기분을 좋게 해주는 것과 관련짓는다는 점을 지적하십시오. 어떤 사람이나 사물은 사랑하기 쉽습니다. 하지만 또 어떤 사람이나 사물은 사랑하

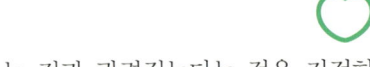

문36 | 성령에 관해 우리는 무엇을 믿습니까?

기 쉽지 않습니다. 아이들에게 사랑을 나타내기 어려운 상황을 설명해 보도록 하십시오.

하나님이 우리에게 성령님을 주신 이유는 사랑하기 쉽지 않을 때도 사랑하는 방법을 배우게 하시기 위함입니다. 성령님은 언제나 성부, 성자와 사랑 가운데 계셨습니다. 삼위 하나님은 다른 위격이시며, 서로 다른 역할을 하시는데도 완벽한 사랑의 관계를 누리셨습니다.

성령님이 우리 안에 사시기 때문에 어려운 상황에서 우리를 인도하셔서 대하기 힘든 사람들을 사랑하도록 도우십니다.

아이들이 말한 것처럼 사랑을 보여 주기 어려운 상황 중에 두 가지를 선택하고, 우리를 돕는 분인 성령님이 대하기 힘든 사람에게 다정하게 반응하도록 어떻게 지도하실지 상상해 보도록 하십시오. 시간이 된다면, 역할극을 해도 좋습니다.

암송 활동

암송 구절 또는 교리문답을 커다란 판지에 적으십시오. 수업을 시작하기 전 암송 구절 또는 교리문답을 퍼즐 조각으로 잘라서 교실 곳곳에 숨겨 두십시오.

아이들에게 암송 구절을 교실 곳곳에 숨겨 두었으니 찾아보라고 하십시오. 아이들이 조각을 가져오면, 암송 구절이 나오도록 잘 맞춰 보게 하십시오. 퍼즐이 완성되면 그 암송 구절을 몇 번 같이 읽으십시오. 그리고 퍼즐 조각을 제거해 나가며 아이들이 얼마나 잘 기억하는지를 확인해 보십시오.

마치는 기도

아이들이 성령님이라는 사랑의 선물을 주신 하나님께 감사하도록 하십시오. 도움이 필요한 삶의 특별한 영역을 말해 보도록 하십시오.

인도자 가이드 3

성령 하나님
회복
성화

문 37

성령은 우리를 어떻게 도우십니까?

답

성령은 우리 죄를 깨닫게 하시며,
우리가 기도하고 하나님의 말씀을 이해하도록
도우십니다.

핵심 개념
성령 하나님은 자기 백성 안에서 일하시며 죄를 깨닫게 하신다. 또한 말씀을 이해하고 적용하며, 기도하도록 도우신다.

목적
성령님은 모든 일상생활 가운데 그리스도인을 도우신다는 사실을 아이들이 이해하도록 돕는다.

성경 본문
에베소서 6장 10–20절

암송 구절
"구원의 투구와 성령의 검 곧 하나님의 말씀을 가지라 모든 기도와 간구를 하되 항상 성령 안에서 기도하고 이를 위하여 깨어 구하기를 항상 힘쓰며 여러 성도를 위하여 구하라"(엡 6:17–18).

핵심 덕목
정직

Notes

기억하십시오

아이들은 자신의 삶에서 여러 사람이 다양한 역할을 다하고 있음을 이해할 것입니다. 아이들은 날마다 부모님, 선생님, 감독님이 각자 맡은 특정한 임무와 책임을 수행하는 모습을 봅니다. 이번 문답은 아이들이 그리스도인의 삶에서 성령님이 하시는 역할을 이해하도록 도울 것입니다. 또한 하나님의 백성을 준비시키시고, 힘을 주시고, 양육하시고, 가르치시는 성령님의 사역을 조명할 것입니다. 그분의 역할은 부모님, 교사, 감독의 역할과 유사한 점이 많습니다. 이번 문답의 목적은 아이들에게 성령님에 대하여 계속 가르쳐서 성령님이 누구신지와 무슨 일을 하시는지에 대한 이해를 자라게 하는 것입니다.

수업을 계획하고 가르칠 때 기억할 것들

- 몇몇 아이는 성령님이 누구신지, 그리고 그분의 역할이 무엇인지를 잘 파악하고 있다는 사실을 기억하십시오. 아이들이 이해의 폭을 넓힐 수 있도록 노력하십시오. 하지만 동시에 이를 이해하기 힘들어 하는 아이들이 있는지 민감하게 살피십시오.
- 아이 중 몇몇은 본인의 믿음을 지니고 있지만 또 다른 아이들은 그렇지 않다는 사실을 기억하십시오. 사람이 회심하는 바로 그 순간 성령님이 내주하신다는 사실을 분명히 전하십시오.
- 인도자는 자신이 정한 시간 계획에 맞추어 이 문답에 있는 활동을 섞거나 수정할 수 있습니다(학습 계획을 예시한 13쪽을 참조하십시오). 그 요소들을 모두 할 시간이 없을지도 모릅니다. 여러분이 가르치는 아이들의 강점과 약점에 따라 각 활동을 자유롭게 응용하십시오.

기도하십시오

은혜로우신 하나님, 당신의 영을 보내셔서 당신 백성의 마음에 내주하게 하심을 감사합니다. 그분이 나를 돕는 이가 되시고, 보혜사가 되시니 당신을 찬양합니다. 성경을 배울 때 예수님을 더 많이 보여 주시고, 저를 중보하시니 감사합니다. 성령의 검으로 제가 계속해서 다듬어지게 하시고, 제가 성령의 검을 사용하여 다른 이들에게 예수님을 알려 주게 하십시오. 이 문답을 배우는 아이들에게 이해하는 마음을 주십시오. 하나님이 하시는 일을 더욱 깊이 이해하도록 하십시오. 예수님의 이름으로 기도합니다. 아멘.

문37 | 성령은 우리를 어떻게 도우십니까?

준비하십시오

- 화이트 보드와 펜
- 테이프
- 메모지
- 성경책
- 매직펜
- "문37 로마 군병"(자료집)
- 두꺼운 판지
- 가위
- 공
- 포스터 보드
- 접착 메모지

Notes

교리문답 정리

문36을 프린트하여 손에 드십시오.

아이들에게 지난주 질문에 대한 답을 기억하는지 물어보십시오. "성령에 관해 우리는 무엇을 믿습니까?" 그리고 아이들이 정확하게 답을 할 때까지 차례대로 답을 하도록 하십시오.

아이들을 둘씩 짝지어 보게 하십시오. 아이들에게 먼저 쥐 소리로 문답을 주고받게 하십시오. 그 후에는 개구리, 거인, 돌고래 소리로 문답을 하게 하십시오. 아이들이 잘 기억해 내지 못한다면 단어를 보여 줄 수 있습니다.

문37 소개

화이트 보드를 세 부분으로 나누십시오. 첫번째 부분 상단에 "선생님의 역할"이라고 쓰십시오. 두번째 부분 상단에 "부모님의 역할"이라고 쓰십시오. 그리고 세번째 부분 상단에는 "축구 감독의 역할"이라고 쓰십시오.

메모지에 각각 다음과 같이 쓰십시오.

- 아이들이 읽을 수 있도록 가르침.
- 학교 행사를 준비함.
- 아이들이 학급에서 어떻게 행동해야 하는지를 가르침.
- 수업을 계획함.
- 선수들을 훈련함.
- 공으로 하는 새로운 기술을 개발함.
- 팀원들에게 국가대표가 되는 방법을 가르침.
- 득점하는 법에 관해 충고함.
- 경기 작전을 계획함.
- 시합에 앞서 영양 섭취에 관해 조언함.
- 빨래를 함.
- 식사를 준비함.
- 아이들에게 순종을 가르침.

Notes

- 무서운 꿈을 꿨을 때 위로해 줌.
- 가족을 안전하게 지킴.

열다섯 개 메모지를 깔아 놓고 아이들에게 하나를 선택해서 화이트 보드의 세 부분 중 한 부분에 붙이도록 합니다. 아이들에게 어떤 행동이 부모님, 선생님, 축구 감독과 부합하는지 생각해 보도록 독려하십시오. 이 활동의 목적은 아이들이 직책에 딸린 역할과 책임이 무엇인지를 이해하도록 돕는 것입니다. 문37을 읽어 주십시오. "성령은 우리를 어떻게 도우십니까?" 이번 문답을 통해 성령 하나님이 그리스도인의 삶에서 담당하신 역할에 관해 더 깊이 이해하게 될 것이라고 아이들에게 설명해 주십시오.

활동

아래에 있는 성경 말씀은 성령님의 역할을 말하고 있습니다. 성경 말씀을 메모지에 적어 교실 주위에 붙이십시오(성령님이 하시는 일은 기록하지 마십시오).

- 요한복음 14장 16절 (보혜사, 도우시는 분)
- 요한복음 14장 27절 (평안을 주시는 분)
- 요한복음 15장 26절 (도우시고 가르치시는 분)
- 요한복음 16장 7-8절 (도우시는 분이자 죄를 깨닫게 하시는 분)
- 요한복음 16장 13절 (진리를 가르치시는 분)
- 로마서 8장 11절 (생명을 주시는 분)
- 로마서 8장 26절 (기도 중에 도우시는 분)

아이들을 몇 팀으로 나눠 각 팀에 한두 구절씩 나눠 주십시오. 그리고 각 팀에 성경책을 한 권씩 나눠 주십시오. 아이들에게 성경 말씀을 찾아보고 성령님이 맡으신 역할이나 하시는 일이 무엇인지 알아 내라고 말해 주십시오.

말씀을 살펴볼 충분한 시간이 지났다면 아이들에게 성령님에 대해서 발견한 것을 서로 이야기해 보라고 하십시오. 성령님이 하시는 일을 화이트 보드에 적어 보도록 하십시오. 아이들에게 놀라거나 당황스러운 점이 있는지 물어보십시오.

앞으로 더 분명히 알게 될 것이라고 말해 주십시오.

수업 개요

"문37 로마 군병"(자료집)을 준비하십시오.

수업을 시작하면서 하나님께 도움을 구하십시오. 자신이 이번 문답을 신실하게 가르치게 해 달라고, 아이들이 잘 듣게 해달라고 간구하십시오.

문37 | 성령은 우리를 어떻게 도우십니까?

Notes

아이들에게 성령 하나님은 삼위일체 중 세 번째 위격으로서 사람들이 하나님을 믿게 하고 하나님의 백성이 이 세상에서 하나님을 위해 살아가도록 돕는 데 핵심적인 역할을 하신다는 점을 새겨 주십시오. 성령님은 그리스도인이 예수님을 신뢰하기로 한 순간 내주하시며 그때부터 그리스도인 안에서 일하십니다. 즉 그리스도인을 도와 예수님에 대해 더 많은 것을 이해하도록 도우시며 예수님을 더욱 닮아 가도록 도우십니다. 성령님이 하시는 일에 대해 상세하게 열거한 모든 것(아이들이 성경 말씀을 찾아보며 나열한 것)을 강조하십시오. 그래서 성령님이 그리스도인들에게 얼마나 의미 있는 분인지를 강조하십시오. 특별히 아이들에게 성령님은 사람들이 죄를 깨닫게 하시고, 그리스도인이 기도하도록 도우시며, 성경을 이해하도록 도우신다는 사실을 새겨 주십시오.

에베소서 6장 10-20절을 읽으십시오. 아이들이 말씀을 함께 읽을 수 있도록 성경을 준비하십시오. 말씀을 읽으면서 "로마 군병"(자료집)을 들고 계십시오.

바울은 에베소 교인들에게 글을 써서, 그들이 세상에서 예수님을 위해 싸울 수 있도록 준비시키고 있습니다. 바울은 로마의 갑옷이라는 예를 사용하여 예수님과 멀어지도록 하는 마귀와 싸우기 위해 어떻게 자신을 준비해야 하는지 가르쳤습니다. 진리의 허리 띠, 의의 호심경, 평화의 신, 믿음의 방패, 구원의 투구에 대해서 씁니다. 또한 성령의 검을 드는 것에 대해서 말하는데, 성령의 검은 하나님의 말씀입니다. 이는 바울이 그 전투에 필요한 것으로 규정한 유일한 무기입니다.

아이들에게 검으로 무엇을 할 수 있는지 물어보십시오. 검은 실제로 피해를 끼칠 수 있습니다. 무언가를 꿰뚫을 수 있으며, 사람에게 상처를 입히거나 심지어 죽일 수도 있습니다. 바울이 성경을 성령의 검이라고 설명하면서 무엇을 말하고 싶었던 것인지 아이들에게 생각해 보라고 하십시오.

하나님의 말씀은 검으로 묘사됩니다(히 4:12). 또한 하나님은 말씀이 성령의 감동하심을 받은 사람들이 하나님께 받아 말한 것이라고 선포합니다(벧후 1:20-21). 따라서 성령의 검은 하나님에게서 오는 것입니다.

그리스도인이 하나님의 말씀을 배우고 하나님의 약속을 믿을 때, 하나님의 약속은 영적인 공격에서 그리스도인을 보호합니다. 말씀은 세상이 말하는 거짓말에서 진리를 베어 냅니다.

또한 바울은 에베소의 그리스도인들에게 성령으로 기도하라고 명합니다. 이는 성령님이 그리스도인의 기도 생활에 필수적인 요소라는 점을 알려 주는 위대한 말씀입니다. 성령으로 기도하는 것은 하나님의 말씀과 부합하도록 기도하는 것입니다. 아이들에게 사람들이 하나님의 말씀과 부합하지 않도록 기도하는 것이 어떤 모습인지 생각해 보라고 하십시오. 아이들에게 하나님의 말씀과 일치하게 기도하는 것은 어떻게 하는 것인지 예를 들어 보라고 하십시오. 성령님이 각 그리스도 안에 살아 계시며, 각 그리스도인을 위해 기도하신다는 점을

Notes

새겨 주십시오(롬 8:26).

하나님은 자기 백성이 기도를 힘들어 할 것을 아시기 때문에, 자기 백성을 도우시며 절대 내버려 두지 않으신다고 아이들에게 설명하십시오. 하나님은 성령님을 보내셔서 가르치시고, 격려하시고, 그리스도인의 마음과 생각을 드러내게 하십니다. 성령님은 그리스도인의 기도를 인도하시고, 가르치시고, 감동을 주십니다.

아이들이 문37과 답을 기억하도록 도우면서 수업을 마치십시오.

이 내용은 단순히 수업 지도를 위한 것입니다. 가르치는 아이들과 상황에 따라 이 내용을 확장하거나 수정하십시오. 여러분의 말로 여러분의 이야기를 쓰십시오. 그리고 아이들에게 적절하게 응용할 만한 예화나 적용을 추가하십시오.

활동

두꺼운 판지, 가위, 매직펜, 테이프를 준비하십시오.

아이들에게 종이로 칼을 만들어 보라고 하십시오. 창의력을 최대한 발휘하도록 독려하십시오. 어떤 모양으로 만들어도 괜찮습니다. 검에 "성령의 검—에베소서 6장 17절"이라고 쓰게 하십시오. 검에 성경 66권의 이름을 쓰거나, 가장 좋아하는 말씀을 써도 좋습니다. 아이들이 검을 만드는 동안, 성령의 검이 무엇인지, 그리고 어떻게 성령의 검이 세상에서 예수님을 위해 굳건히 설 수 있게 돕는지에 대해 이야기해 주십시오. 아이들이 만든 검을 집에 가져가기 전에 교실에 장식하십시오.

토론과 질문

아이들은 다음과 같은 질문을 할 수도 있습니다.

? 왜 성령님의 도우심이 필요한가요?

사람은 성령님의 도우심이 없으면 예수님이 아닌 자신에 집중하는 삶을 살게 됩니다. 또한 성령님은 그리스도인들이 하나님의 말씀이 무슨 뜻인지 이해하도록 돕습니다.

? 성령님이 주시는 마음과 양심의 차이는 무엇인가요?

살아 있는 모든 사람에게는 양심이 있습니다. 하지만 거듭난 자에게만 성령님이 내주하십니다. 양심은 우리가 하나님의 법을 어길 때 경고할 수는 있지만, 성령님은 우리의 마음을 바꿔 옳은 일을 하기 원하는 사람으로 만드는 능력이 있습니다.

? 성령님이 저를 위해 기도하신다면, 저는 왜 기도해야 하나요?

하나님은 자기 백성이 기도하는 소리를 듣기 좋아하십니다. 또한 자기 백성이 하나님의 말씀에 반응하여 하나님과 이야기하는 방법으로 기도를 세우셨습니다. 성령님은 그리스도인의 길잡이며 도움이십니다.

다음 질문을 통해 아이들이 자신의 삶을, 그리고 이 교리문답이 각자에게 어떻게 영향을 줄지를 생각하도록 도와주십시오.

- 자신의 삶에 성령의 검이 있도록, 하나님의 말씀을 알기로 작정했나요?
- 성령님이 우리가 기도하는 중에 도우신다는 사실에 위안이 되었나요?
- 성령님의 역할을 이해했나요?

⑩ 덕목 찾기

정직

아이들에게 정직을 높이 평가하는지 물어보십시오. 사람들이 거짓말을 하거나 진실을 감출 때 어떠한 느낌이 드는지 물어보십시오. 히브리서 6장 18절 말씀은 하나님이 거짓말하실 수 없다고 말합니다. 성령님이 하나님이라는 사실을 안다면, 성령님에 대해서 무엇을 알 수 있나요? (성령님은 거짓말하실 수 없다.)

정직하고 진실한 성품은 성령님이 믿는 사람들의 행동에 영향을 주셔서 그들의 삶에 일하신다는 증거라고 아이들에게 설명하십시오.

이번 문답은 성령님이 우리 죄를 깨닫게 하신다는 사실을 말하고 있음을 아이들에게 강조하십시오. 우리는 누군가를 체포하고 유죄임을 알았을 때 "유죄 판결을 내린다(convict)"라는 단어를 사용합니다. 사람들이 죄를 지었음을 알았을 때, 그들에게는 형벌이 주어집니다.

성령님이 우리에게 거짓말하는 죄를 "깨닫게" 하실 때, 그분이 재판관처럼 우리를 감옥으로 보낼 것이라고 생각하는지 아이들에게 물으십시오. 답은 "그렇지 않다"입니다. 왜 그러한지 생각해 보도록 아이들을 도우십시오. 그리고 예수님이 우리의 형벌을 대신 짊어지셨음을 알게 하십시오. 하지만 우리의 형벌이 제거되었더라도 우리는 여전히 성령님이 깨닫게 하시는 역사가 필요합니다. 그래야 우리는 우리가 잘못을 저지른 사람에게 죄를 고백할 수 있습니다. 누군가에게 우리가 거짓말을 했다고 말하기란 쉽지 않은 일입니다. 하지만 성령님이 우리 안에 계셔서 바른 일을 할 수 있도록 용기를 주십니다.

Notes

⑩ 암송 활동

공 한 개와 암송 구절 또는 교리문답을 적은 포스터 보드를 준비하십시오. 접착 메모지를 준비해서 글자 위에 떼었다 붙였다 할 수 있도록 하십시오.

암송 구절 또는 교리 문답을 적은 포스터 보드를 벽에 걸어 두십시오. 아이들을 두 팀으로 나누십시오.

아이들에게 인도자와 함께 암송 구절을 몇 번 읽자고 하십시오. 그리고 나서 점차 단어들을 가리십시오.

팀별로 각각 줄을 맞춰 세우고 서로 마주보게 하십시오. 공을 한 아이에게 던지십시오. 그 아이는 암송 구절 또는 교리문답의 첫 번째 단어를 말해야 합니다. 그리고 상대편에 있는 아이에게 공을 던지게 하십시오. 공을 받은 아이는 두 번째 단어를 말하게 하십시오. 마지막 단어를 말할 때까지 계속하십시오. 단어를 기억하지 못하거나 잘못 말한 아이는 공을 던져주고 자리에 앉게 하십시오. 마지막에 더 많은 아이가 서 있는 팀이 우승합니다.

⑤ 마치는 기도

기도를 인도할 자원자를 받습니다. 성령으로 죄를 깨닫게 하시고, 기도를 도우시고, 쉽지 않은 순간에도 더욱 정직하고 사랑하게 해달라고 하나님께 구하십시오.

문 38

기도는 무엇입니까?

답

기도는 우리 마음을 하나님께 쏟아 내는 것입니다.

핵심 개념
기도란 하나님의 말씀에 대한 반응으로 하나님께 이야기하는 것이다.

목적
아이들이 기도의 개념을 이해하도록 도우며 기도를 통해 하나님과 친밀한 관계가 될 수 있도록 아이들을 독려한다.

성경 본문
시편 62편

암송 구절
"백성들아 시시로 그를 의지하고 그의 앞에 마음을 토하라 하나님은 우리의 피난처시로다"(시 62:8).

핵심 덕목
감사

Notes

기억하십시오

일반적으로 기도에 대한 아이들의 개념은 제한되어 있습니다. 아이들은 아마도 함께하는 기도나 공적인 기도는 경험했을지 모릅니다. 하지만 하나님과 기도로 맺은 관계의 아름다움과 친밀함이 잘 정립되지는 않았을 것입니다. 아이들에게 기도하라고 하면 마치 산타클로스와 대화하듯이 할 때가 많습니다. 자신이 바라는 모든 것을 하나님이 이루어 주시기를 바라며 소원 목록을 제시하는 식입니다. 많은 아이에게 기도란 하나님과 개인적인 관계를 맺는 것이 아니라, 하나님께 원하는 바를 얻어 내는 것입니다. '자족'을 찬양하는 오늘날 세상에서 하나님께 온전히 의지한다는 것은 어른들에게조차 갈수록 어려운 일이 되어 가고 있습니다. 그래도 긍정적인 것은 아이들은 의지하는 것에 익숙하기 때문에 자신들의 필요를 하나님께 가져가기 쉽다는 것입니다. 오히려 아이들에게 어려운 점은 하나님이 그들을 축복하시는 방법을 깨닫는 것입니다.

이번 문답의 목적은 아이들이 기도란 하나님이 주신 놀라운 선물이라는 것, 하나님이 아이들의 소리에 귀를 기울이시고 기도, 특히 감사 기도 들으시는 것을 즐긴다는 사실을 이해하도록 하는 것입니다.

수업을 계획하고 가르칠 때 기억할 것들

- 아이들은 기도가 무엇인지 알고, 몇몇 기도 형태에 익숙할 수도 있습니다. 개인기도 습관을 발전시켜야 한다는 점을 분명히 강조하십시오. 기도는 하나님과 관계를 맺는 것이라는 점을 알려 주십시오.
- 아이들이 기도란 하나님의 말씀에 대한 반응이어야 한다는 사실을 이해하도록 도우십시오. 그리고 찬양, 간구, 죄 고백, 감사 모두 기도 생활의 일부라는 점을 이해시키십시오.
- 어떤 아이들은 즉흥적으로 크게 기도하는 것을 두려워할 수도 있습니다. 그런 아이들에게는 기도문을 미리 작성하도록 독려하십시오.
- 이번 문답을 진행하면서 기도의 본을 보여 주거나 시범을 보여 준다면 아이들에게 큰 도움이 될 것입니다.
- 인도자는 자신이 정한 시간 계획에 맞추어 이 문답에 있는 활동을 섞거나 수정할 수 있습니다(학습 계획을 예시한 13쪽을 참조하십시오). 그 요소들을 모두 할 시간이 없을지도 모릅니다. 여러분이 가르치는 아이들의 강점과 약점에 따라 각 활동을 자유롭게 응용하십시오.

기도하십시오

사랑이 많으신 하나님, 하나님의 말씀과 기도를 통해 하나님을 더욱 깊이 개인적으로 알게

문38 | 기도는 무엇입니까?

Notes

하시니 감사합니다. 하나님께서 저와 관계 맺는 것을 즐거워하시니 감사합니다. 이번 문답을 배우는 아이들에게 기도가 무엇이며 하나님이 왜 기도를 통해 하나님께 나갈 수 있게 하셨는지 더욱 깊이 이해하는 마음을 주십시오. 예수님의 이름으로 기도합니다. 아멘.

준비하십시오

- 제비뽑기 막대
- 컵
- 타이머 (휴대 전화 타이머도 좋음)
- 매직펜
- "문38 물음표"(자료집), 아이 수만큼
- 가위
- 테이프
- A4용지, 한 아이당 대여섯 장
- 스테이플러
- 색연필
- 화이트 보드와 펜

교리문답 정리

제비뽑기 막대에 1부터 37까지 적으십시오. 숫자가 적인 쪽을 아래로 해서 컵에 꽂으십시오. 또한 다섯 개의 막대에는 "다시"라고 적어 컵에 꽂으십시오. 타이머를 5분으로 맞추십시오.

아이들에게 컵에서 차례대로 막대를 꺼내게 하십시오. 그리고 숫자에 해당하는 교리문답을 기억할 수 있는지 물어보십시오. 바르게 답한다면(꼭 완벽하게 답하지 않아도 괜찮습니다!), 계속해서 막대를 꺼내게 하십시오. 마지막에 막대를 가장 많이 가지고 있는 사람이 상을 받습니다. 역전할 기회가 있다고 말해 주십시오. 누군가 "다시"라고 쓰인 막대를 꺼내면 모든 아이는 컵에 막대를 반납하고 다시 시작해야 합니다(하지만 시간은 계속 흘러갑니다). 막대는 잘 보관했다가 문49에서 다시 사용하십시오.

문38 소개

"문38 물음표"(자료집)를 복사해서 아이들에게 물음표를 나눠 주십시오.

아이들에게 이번 문답은 "기도란 무엇인가?"라는 질문에 집중할 것이라고 설명하십시오. 이번 문답을 소개하는 일환으로 아이들에게 물음표 모양 종이에 기도에 관해 궁금한 것을 무엇이든지 적어 보라고 하십시오. 물음표를 잘

Notes

보이는 곳에 세워 두십시오. 아이들에게 다음 몇 주 동안 질문과 생각을 함께 나눌 것이라고 알려 주십시오.

아이들에게 다음 질문들을 던지면서 이어가십시오.

- 어떻게 친구들을 알게 되었고, 관계를 쌓았나요?
- 부모님과 보통 어떻게 소통하나요?

사람들이 관계를 쌓아 나가는 방법은 서로 대화를 하는 것이라고 말하십시오. 아이들에게 하나님은 자기 백성과 관계 맺기를 바라시며, 그렇기 때문에 우리에게 기도를 통해 하나님께 말할 수 있게 하셨다고 말해 주십시오. 하나님은 세상과 동떨어져 있거나, 자기 백성에게 무관심하신 분이 아닙니다.

기도란 그저 하나님께 말하는 것입니다. 기도할 때 우리는 하나님께 삶의 자리를 내어 드리는 것입니다. 우리는 하나님이 우리에게 생명을 주시고, 생명을 유지시키신다는 것을 감사한 마음으로 인정하며 모든 상황에서 그분을 신뢰합니다. 가족 또는 친구와 대화를 통해 관계를 쌓아 나가는 것처럼, 우리가 하나님과 대화하며 시간을 보낼 때 하나님과 우리의 관계도 더욱 친밀해지고 발전합니다.

활동

아이들을 차례대로 한 명씩 앞으로 나오게 하십시오. 나온 아이에게 아래 나열된 소통 방법 중 하나를 속삭이듯 이야기하십시오. 그러면 아이는 말을 하지 않은 채 행동으로 그 단어를 설명해야 합니다. 그 단어를 맞히면 다른 아이가 나와서 목록에 있는 다음 단어를 행동으로 설명하게 하십시오.

- 말하기
- 편지
- 이메일
- 전화 통화
- 문자
- 페이스북
- 스카이프
- 페이스타임
- 병에 편지를 담아 보내기

오늘날에는 다양한 소통의 방식이 있습니다. 이 놀이에 나열된 예는 일부에 불과합니다. 아이들에게 하나님은 성경과 기도를 통해 자기 백성과 소통하기 원한다는 점을 새겨 주십시오. 하나님은 말씀을 통해 자기 백성에게 이야기하시고 우리를 청하여 기도로 반응하게 하십니다.

문38 | 기도는 무엇입니까?

🌱 수업 개요

수업을 시작하면서 하나님께 도움을 구하십시오. 자신이 이번 문답을 신실하게 가르치게 해달라고, 아이들이 잘 듣게 해달라고 기도하십시오.

아이들에게 기도는 그리스도인의 삶에 필수적인 부분임을 설명하십시오. 하지만 때로 그리스도인들은 그저 부족한 것들이나 필요한 것들의 목록을 하나님께 가져가는 것 외에 어떤 방식으로 기도해야 할지를 잘 모릅니다. 아이들에게 필요한 것들을 부모님께 요구하는지 물어보십시오. 물론 아이들은 그렇게 할 것입니다! 하지만 그것이 부모님과 대화하는 유일한 내용은 아닙니다. 부모님께 사랑한다고 이야기하거나, 삶 가운데 일어난 재미있는 일들을 이야기합니다. 좋은 관계에는 다양한 방식의 소통이 반드시 포함됩니다.

아이들에게 기도란 말씀에 대한 응답으로 우리 하늘 아버지인 하나님께 이야기하는 것이라고 말해 주십시오.

시편 62편을 읽으십시오. 아이들이 말씀을 함께 읽을 수 있도록 성경을 준비하십시오.

이 시편은 다윗이 쓴 것입니다. 다윗은 이스라엘의 왕이었습니다. 시편은 구약에 있습니다. 다윗은 듣는 자들에게 기도하라고 권합니다. 그리고 8절에서는 기도를 다음과 같이 설명합니다. "백성들아 시시로 그를 의지하고 그의 앞에 마음을 토하라 하나님은 우리의 피난처시로다." 이 시편에서 다윗은 하나님의 백성에게 하나님 앞에 마음을 토하라고 권합니다.

아이들에게 마음을 토하는 것이 어떤 것인지 생각해 보라고 하십시오.

마음을 토하는 것이란 하나님께 우리 삶에 관한 모든 것, 그리고 우리가 생각하고 느끼는 모든 것을 이야기하는 것입니다. 아이들에게 이런 기도가 쉬운지 어려운지 물어보십시오. 그리고 왜 그렇게 생각하는지 정리해 볼 수 있도록 하십시오.

다윗은 하나님의 백성들에게 자신의 마음을 사람에게 토하라고 권하지 않습니다. 다만 가장 놀라우신 하나님께 그렇게 하라고 합니다! 아이들에게 시편 62편을 살펴보며 다윗이 하나님을 어떻게 묘사하고 있는지 찾아보도록 하십시오(반석, 요새, 피난처, 나의 구원).

다윗은 온전히 의지할 수 있고 신뢰할 수 있는 창조주이신 위대한 하나님을 그려 내고 있습니다(4절과 10절). 이는 하나님이 창조하신 사람 또는 사물과 대조되는 것으로 이 둘은 모두 우리를 실망시키며 넘어지게 만듭니다. 하나님은 자기 백성과 솔직하고 지속적으로 소통하기를 간절히 바라십니다. 아이들이 그렇게 신뢰할 수 있는 하나님과 이야기하는 것이 어떤 모습인지 생각해 보도록 도우십시오. 이는 하나님과 언제 어디서나 이야기할 수 있다는 뜻인가요? 이는 하나님께 무엇이든지 모두 이야기할 수 있다는 뜻인가요? 이 시편은 다윗이 하나님을 온전히 신뢰한다는 것, 그렇기 때문에 하나님의 힘에 온전히 의지한다는 것을 보여 줍니다.

Notes

아이들에게 우리가 살아가는 방식은 다윗이 묘사한 것과 다르다고 말해 주십시오. 사람들은 자신을 의지하며, 자신의 힘으로 일을 해 나갑니다. 그리고 도저히 그렇게 할 수 없을 때가 되어서야 하나님을 의지합니다. 사람이 자신의 힘을 의지할 때, 잘못 지은 울타리처럼 무너져 내리기 쉽습니다. 하지만 하나님을 온전히 의지할 때는 흔들리지 않습니다. 다윗이 하나님과 맺은 관계는 다윗에게 쉼을 줍니다. 그래서 다윗은 어떤 것도 두려워하지 않습니다.

아이들에게 기도란 감사함으로 하나님이 하나님 되심을, 하나님이 통치하심을, 하나님을 완전히 신뢰할 수 있음을 인정하는 것임을 상기시키십시오. 기도란 말씀, 즉 성경을 통해서 우리가 하나님에 대해 알고 배운 모든 것에 반응하는 것입니다. 우리가 이렇게 할 때, 하나님이 우리 삶을 돌보신다는 사실을 증명하는 것입니다. 이는 믿음 생활에서 필수적인 부분입니다.

아이들이 문38과 답을 기억하도록 도우면서 수업을 마치십시오.

이 내용은 단순히 수업 지도를 위한 것입니다. 가르치는 아이들과 상황에 따라 이 내용을 확장하거나 수정하십시오. 여러분의 말로 여러분의 이야기를 쓰십시오. 그리고 아이들에게 적절하게 응용할 만한 예화나 적용을 추가하십시오.

활동

A4용지를 이용하여 아이들에게 책자를 만들어 주십시오. A4용지를 반으로 잘라 대여섯 장을 쌓은 뒤에 반으로 접습니다. 접힌 부분을 스테이플러로 박아 고정시킵니다.

아이들에게 책자를 나눠 주고 그 책자의 이름은 "기도 일기책"이라고 말하십시오. 색연필로 표지를 꾸미고 "마음을 토하라"는 구절을 기록해서 기도가 무엇인지를 생각해 보라고 하십시오. 기도 일기책에는 아무 내용이나 써도 된다고 말해 주십시오. 이 기도 일기책은 오직 자신만을 위한 책자이며 자신의 생각을 하나님과 나눌 수 있는 은밀한 공간이라고 말해 주십시오.

다음 주에 사용하기 위해 책자를 수거한 뒤 보관하십시오. 하지만 아이들에게 기도를 읽어 보지 않을 것이라고 말해 주십시오(이번 주에 빠진 아이들을 위해 여분을 만들어도 좋습니다).

🕔 토론과 질문

아이들은 다음과 같은 질문을 할 수도 있습니다.

? 하나님이 모든 것을 아신다면, 왜 우리는 기도해야만 합니까?

기도란 하나님이 우리에게 하나님의 사역에 참여할 수 있도록 정하신 수단입니다. 그리고 기도란 축복입니다. 기도로 하늘 아버지와 관계를 맺을 수 있기 때문입니다.

? 기도가 실제로 무언가를 바꿀 수 있기는 한가요?

그렇습니다! 야고보서 5장 16절은 이렇게 말씀합니다. "의인의 간구는 역사하는 힘이 큼이니라." 하나님이 우리의 기도를 어떻게 사용하실지 항상 알지는 못합니다. 그리고 하나님이 우리가 기대하는 방식으로 항상 응답하시는 것도 아닙니다. 하지만 우리는 기도하라는 하나님의 명령에는 기쁘게 순종할 수 있습니다.

? 다른 종교를 믿는 사람들도 기도를 합니다. 그리스도인의 기도와 무엇이 다른가요?

누가 기도를 듣느냐가 다릅니다. 그리스도인들은 살아 계신 참 하나님께 기도하는 것입니다.

다음 질문을 통해 아이들이 자신의 삶을, 그리고 이 교리문답이 각자에게 어떻게 영향을 줄지를 생각하도록 도와주십시오.

- 하나님이 우리 기도를 들으신다는 사실을 아는 것은 우리가 기도할 때 어떤 영향을 끼치나요?
- 하루 중 우리의 마음을 하나님께 쏟아 붓기에 좋은 시간은 언제일까요?

🕙 덕목 찾기

감사

62가지의 감사 제목을 기록할 화이트 보드를 준비하십시오. 글씨를 작게 쓰고 세로단을 많이 만들어야 합니다.

하나님과 관계가 좋으면 많이 감사할 수 있습니다. 감사 기도란 하나님께 우리의 고마운 마음을 표현하는 기도입니다. 오늘의 성경 본문인 시편 62편에서 다윗은 하나님을 찬양하게 만드는 일들을 기록합니다.

아이들에게 1부터 62까지 기록된 화이트 보드를 보여 줍니다. 아이들에게 감사할 것이 얼마나 많은지 살펴보자고 하십시오. 62가지의 감사를 할 수 있을까요? 그렇게 하려면 아주 세세한 것까지도 감사해야 합니다. 감사하기에 작거나 사소한 일은 없습니다.

Notes

암송 활동

암송 구절 또는 교리문답을 프린트하여 단어별로 자르십시오*(학생 수에 맞춰서 조정하십시오)*. 수업을 시작하기 전에 아이들의 의자 아래 붙여 두십시오.

암송 구절 또는 교리문답을 아이들에게 읽어 주십시오. 그리고 의자 아래에 단어가 붙어 있을 것이라고 알려 주십시오. 아이들에게 자리에서 단어를 떼어 내어 바른 순서로 암송 구절을 조합하게 하십시오. 순서를 맞출 때 도움이 되도록 암송 구절을 읽어 주십시오. 모든 아이와 함께 몇 차례 큰 목소리로 암송 구절을 읽습니다.

마치는 기도

아이들이 화이트 보드에 적은 감사 목록을 보고 기도를 드리게 하십시오.

"하나님 _____ 해 주셔서 감사합니다."처럼 간단해도 좋습니다. 다른 아이들에게는 만약 다른 친구가 언급한 감사 제목에 공감하면 "아멘"이라고 말하게 하십시오(아이들이 장난스러운 기도는 하지 않도록 하십시오. 하지만 기도 시간에 킥킥거리며 웃는다고 걱정하지는 마십시오. 인도자가 하나님께 조용히 나아가 마음을 말하도록 가르쳐도 아이들 마음에는 아직 장난끼가 많을 수 있습니다!).

문39

우리는 어떤 자세로 기도해야 합니까?

답

사랑과 인내와 감사로 기도해야 합니다.

핵심 개념
기도할 때는 자세가 중요하다.

목적
아이들이 하나님에 대해서 아는 것이 우리가 기도하는 자세에 어떻게 영향을 주는지 생각해 보도록 돕는다.

성경 본문
빌립보서 4장 4-9절

암송 구절
"아무것도 염려하지 말고 다만 모든 일에 기도와 간구로, 너희 구할 것을 감사함으로 하나님께 아뢰라"(빌 4:6).

핵심 덕목
인내

Notes

기억하십시오

문38에서 하나님이 우리와 소통하기를 원하신다는 사실을 배웠습니다. 하나님은 자신에게 기도하라고 명령하셨습니다. 기도는 고달픈 일이 아닙니다. 놀라운 특권입니다! 어떤 사람은 마치 하나님이 요청하는 대로 다 행해야만 하는 종처럼 기도합니다. 또 어떤 사람들은 기도할 때 두려움으로 나아가며, 하나님이 자신의 이야기를 듣기는 하시는지 의심하기도 합니다. 성경은 하나님께 나아갈 때, 우리에게 언제나 귀 기울이시는 사랑 많으신 아버지처럼 대하라고 가르칩니다. 하나님은 우리가 구하는 것을 항상 주시지는 않습니다. 하지만 하나님이 그렇게 하시지 않을 때는 우리가 필요하다고 생각하는 것보다 우리에게 진짜 필요한 것을 더 잘 아시기 때문입니다.

수업을 계획하고 가르칠 때 기억할 것들

- 이번 문답은 기도의 바른 자세를 다루지만 완벽할 때까지 기도를 하지 말도록 아이들의 마음을 단념시키는 것은 아닙니다. 오히려 이번 문답은 하나님이 기도를 들으신다는 희망과 확신을 가지고 기도하도록 아이들에게 감동을 줘야 합니다.
- 아이들은 기도의 개념에 친숙하지만 개인적으로 기도하며 하나님과 맺는 관계에 대해서는 알지 못할 수도 있습니다.
- 하나님이 예수님 때문에 자기 백성의 기도를 들으시고 우리는 예수님을 통해서 하나님께 자유롭게 나아갈 수 있다는 사실을 아이들이 이해해야만 합니다.
- 아이들은 크게 소리를 내서 즉흥적으로 기도하는 것을 겁낼지 모릅니다.
- 인도자는 자신이 정한 시간 계획에 맞추어 이 문답에 있는 활동을 섞거나 수정할 수 있습니다(학습 계획을 예시한 13쪽을 참조하십시오). 그 요소들을 모두 할 시간이 없을지도 모릅니다. 여러분이 가르치는 아이들의 강점과 약점에 따라 각 활동을 자유롭게 응용하십시오.

기도하십시오

아버지 하나님, 당신이 자신에 대해서 드러내신 모든 것이 제가 기도하는 태도에 영향을 끼치게 해주십시오. 제가 사랑과 인내와 감사함으로, 당신이 선한 아버지 되시어 자녀들에게 좋은 선물을 주신다는 사실을 알며 기도하게 해주십시오. 이번 문답을 배울 아이들에게 탁월한 이해력을 주십시오. 아이들이 기도로 하나님께 나아갈 수 있다는 사실에 신이 나게 하시고 겸손한 마음으로 나아가도록 도전하게 해주십시오. 예수님의 이름으로 기도합니다. 아멘.

문39 | 우리는 어떤 자세로 기도해야 합니까?

준비하십시오

- "문39 교리문답 정리"(다운로드)
- 커다란 해시태그 모양이 프린트된 종이
- 세계 지도자들과 존경할 만한 사람들의 사진
- "문39 이모티콘 판"(자료집), 아이 수만큼
- 색연필
- 매직펜
- 빨대

Notes

교리문답 정리

"문39 교리문답 정리"를 프린트하십시오. 교실 곳곳에 질문과 답을 붙이십시오. 종이마다 커다란 해시태그 모양이 프린트된 종이를 붙이십시오.

아이들에게 벽에 붙여 있는 종이로 가서 그 질문을 요약하는 해시태그를 작성하도록 하십시오. 시간이 된다면, 아이들에게 한 가지 질문 이상에 해시태그를 적게 하십시오. 아이들이 기록한 것 중 몇 가지를 읽어 주고, 그 해시태그가 문답을 기억하는 데 도움이 되었는지 물어보십시오.

> 예:
> 문14. 하나님은 우리가 자신의 율법을 지킬 수 없도록 만드신 것입니까?
>
> 그렇지 않습니다. 그러나 아담과 하와의 불순종 때문에 우리는 모두 죄와 죄책 가운데 태어났고 하나님의 율법을 지킬 수 없습니다.
>
> #불가능
> #죄_가운데_태어나

문39 소개

세계 지도자들과 아이들이 존경할 만한 사람들의 사진을 준비하십시오.

문39를 읽어 주십시오. "우리는 어떤 자세로 기도해야 합니까?" 먼저 아이들에게 **자세**라는 단어가 무엇인지 설명해 주십시오. 자세란, 어떠한 생각, 사람, 또는 환경에 관한 지식에 대한 반응으로서 행동에 영향을 끼칠 수 있는 것이라는 점을 아이들이 이해하도록 도와주십시오.

아이들에게 유명한 사람들의 사진을 보여 주고 그 사람을 직접 만나게 된다면 어떤 자세를 취할지 설명해 보라고 물어보십시오. 예를

41

Notes

들어 아이들이 영국 여왕을 만나게 된다면, 겸손한 태도를 취할까요? 진지한 태도를 취할까요? 만약 유명한 스포츠 스타를 만난다면 열광적인 자세를 보일까요? 만약 사고를 당한 사람을 만난다면 동정하는 자세를 취할까요?

아이들에게 다음과 같은 사람들에게는 어떤 자세를 취할 것인지 물어보십시오.

- 학교 선생님
- 형제자매
- 교장 선생님
- 노인

문39를 읽어 주십시오. "우리는 어떤 자세로 기도해야 합니까?" 이번 문답을 통해 하나님께 어떻게 나아가야 할지, 그리고 기도할 때 하나님을 향한 태도가 어떠해야 할지를 생각해 볼 것이라고 아이들에게 강조하십시오.

활동

아이들에게 "문39 이모티콘 판"(자료집) 한 장씩과 매직펜, 색연필(노란색을 충분히 준비하십시오)을 나눠 주십시오.

아이들에게 네 가지 다른 태도를 나타내는 자신만의 이모티콘을 디자인해 보도록 하십시오. 아이들이 자기 팀원들에게 자신이 그린 이모티콘을 보여 주고, 어떤 태도를 나타내는 것인지 맞혀 보도록 하십시오.

아이들에게 보통 어떤 태도로 기도를 하는지 물어보십시오. 지루해 하나요? 희망을 가지고 하나요? 기도는 바보같은 짓이라고 생각해서 건성으로 하나요? 산만하게 하나요?

수업 개요

수업을 시작하면서 하나님께 도움을 구하십시오. 자신이 이번 문답을 신실하게 가르치게 해달라고, 아이들이 잘 듣게 해달라고 간구하십시오.

우리가 어떤 사람에 대해 아는 것은 그 사람을 대하는 태도에 영향을 끼칩니다. 하나님은 말씀으로 자신을 우리에게 나타내셨습니다. 따라서 우리가 하나님에 대해 아는 것은 하나님께 말할 때 우리의 태도를 결정하게 됩니다.

빌립보서 4장 4-9절을 읽으십시오. 아이들이 말씀을 함께 읽을 수 있도록 성경을 준비하십시오.

빌립보서는 신약에 있으며 바울이 빌립보에 있는 그리스도인들에게 쓴 편지입니다. 바울은 감옥에 갇혀 힘든 상황을 버티며 이 편지를 썼습니다.

문39 | 우리는 어떤 자세로 기도해야 합니까?

Notes

이 짧은 몇 절이 하나님에 대해서, 그리고 하나님께 기도로 어떻게 나아가야 하는지에 대해서 무척 많은 것을 가르칩니다.

4절에서 바울은 이렇게 말합니다. "주 안에서 항상 기뻐하라 내가 다시 말하노니 기뻐하라." 바울이 그리스도인들에게 주님 안에서 기쁨을 찾으라고 독려하고 있습니다. 이렇게 할 수 있는 이유는 그분을 신뢰할 수 있으며, 주권적으로 통치하시고 선하신 하나님이셔서 자기 백성을 사랑하고 예수님의 희생 죽음과 부활을 통해 심판과 사망과 지옥에서 우리를 구원해 내시는 분이기 때문입니다. 바울은 감옥에 갇혀 있는 상황에서도 "기뻐하라!"고 말할 수 있었습니다. 그의 삶이나 환경이 좋아서가 아니라, 하나님을 온전히 신뢰했기 때문입니다. 아이들이 5절 후반부를 읽고 하나님이 우리와 가까우시다는 사실을 깨닫도록 독려하십시오. 하나님은 저 멀리 계신 하나님이 아닙니다. 오히려 하나님은 가까이 계시며 자기 자녀들의 삶에 친밀하고 사랑스럽게 개입하십니다. 아이들에게 우주의 창조주가 자신의 피조물을 알기 원하시고 관계 맺기를 사모한다는 사실이 얼마나 놀라운 일인지 생각해 보라고 하십시오.

6절에서 바울은 그리스도인에게 기도로 하나님께 간구하도록 독려합니다. 이 말씀으로 아이들에게 하나님이 자기 백성의 기도를 듣고 응답하기를 좋아하신다는 사실을 알려 주십시오. "아무것도 염려하지 말고 다만 모든 일에 기도와 간구로, 너희 구할 것을 감사함으로 하나님께 아뢰라."

아이들에게 아무것도 걱정하지 않는 삶을 상상이나 할 수 있느냐고 물어보십시오. 그리고 어떤 것들을 걱정하는지 물어보십시오.

바울은 우선 삶이 어려울 수도 있다는 사실을 알았습니다. 하지만 바울은 우리가 직접 하나님께 우리의 염려와 걱정을 가져갈 수 있다고 말합니다. 여전히 무서운 일들이 있을지 모릅니다. 그리고 우리는 염려에 굴복하고 싶을지도 모릅니다. 하지만 하나님은 우리를 두렵게 만드는 일들을 하나님께 온전히 맡기기를 원하십니다. 바울은 그리스도인들에게 모든 상황에서 하나님을 신뢰하라고 독려합니다. 정말로 까다로운 상황에서부터 일상적인 일들까지도 말입니다. 이 말씀은 그리스도인들에게 **자주** 그리고 **끈질기게** 기도할 것을 권면합니다. 우리의 염려를 쫓아내는 길은 하나님께 모든 일을 맡기며 걱정을 평안함으로 바꾸어 주시기를 구하는 것입니다.

바울이 그리스도인들에게 권했던 기도의 자세가 무엇인지 알게 되었는지 아이들에게 물어보십시오. 그리스도인들은 하나님과의 관계에서 감사하는 자세를 지녀야만 합니다. 그리스도인들은 반드시 하나님이 구원하시고, 통제하시며, 가까이 계시고, 자기 백성의 기도를 들으시고 응답하신다는 사실에 감사해야만 합니다.

바울은 우리가 하나님을 신뢰하고 기도할 때 어떤 일이 발생한다고 말합니까? 아이들에게 7절을 큰 목소리로 읽도록 하십시오. "그리하면 모든 지각에 뛰어난 하나님의 평강이 그

Notes

리스도 예수 안에서 너희 마음과 생각을 지키시리라." 그리스도인들은 기도하며 하나님의 뜻을 이해해 나가면서 평안을 알게 됩니다. 하나님이 통제하시고, 자기 백성의 선을 위해, 그리고 하나님의 영광을 위해 일하신다는 사실을 확신하기 때문입니다.

아이들이 문39와 답을 기억하도록 도우면서 수업을 마치십시오.

이 내용은 단순히 수업 지도를 위한 것입니다. 가르치는 아이들과 상황에 따라 이 내용을 확장하거나 수정하십시오. 여러분의 말로 여러분의 이야기를 쓰십시오. 그리고 아이들에게 적절하게 응용할 만한 예화나 적용을 추가하십시오.

 활동

지난주에 아이들이 장식한 기도 일기책을 나눠 주십시오. 지난주에 나오지 않았던 아이들를 위해 여분을 준비하십시오.

빌립보서 4장 8절 말씀을 크게 읽으십시오. "끝으로 형제들아 무엇에든지 참되며 무엇에든지 경건하며 무엇에든지 옳으며 무엇에든지 정결하며 무엇에든지 사랑받을 만하며 무엇에든지 칭찬받을 만하며 무슨 덕이 있든지 무슨 기림이 있든지 이것들을 생각하라." 아이들에게 기도 일기책에 이 말씀을 쓰는데, 단어 사이에 공간을 두라고 하십시오(이렇게 하면 몇 페이지가 소요될 것입니다).

참되며, 경건하며(고상하며, 현대인의성경), 옳으며, 정결하며, 사랑받을 만하며, 칭찬받을 만하며, 덕, 기림.

아이들에게 이 목록에 있는 단어 중에 이해 안되는 것이 있는지 묻고 그 단어의 뜻을 알려 주십시오. 아이들에게 그 단어와 관련해서 떠오르는 것들을 나열해 보도록 하십시오. 예를 들어 '하나님의 말씀은 참됩니다', '매일 하나님의 말씀을 읽는 자는 경건합니다' 등입니다.

하나님은 우리가 생각하는 것이 우리의 자세에 영향을 준다는 사실을 아십니다. 하나님이 명령하신 이런 것들을 생각하는 것이 기도로 나아가도록 우리를 준비하는 한 가지 방법입니다.

기도 일기책을 문41에서 다시 사용하도록 잘 보관하십시오.

문39 | 우리는 어떤 자세로 기도해야 합니까?

🕔 토론과 질문

아이들은 다음과 같은 질문을 할 수도 있습니다.

? 왜 때로 하나님이 우리 기도를 듣거나 응답하지 않는 것처럼 보일까요?

마태복음 7장 7-11절 말씀을 읽어 보십시오. 이 말씀은 우리에게 하나님이 우리의 말을 들으시고 우리의 기도에 응답하신다는 사실을 기대할 수 있다고 가르칩니다. 하나님은 우리에게 좋은 선물을 주기 원하십니다. 하나님은 우리에게 좋은 아버지가 되십니다. 좋은 아버지는 자녀가 해롭거나, 아직 접하기에 이른 것들을 구할 때 어떻게 하는지 생각해 보십시오. 마찬가지로 하나님은 때로 우리에게 "아니야" 또는 "기다려"라고 말씀하시지만 언제나 우리의 기도를 들으십니다.

? 기도하기에 몹시 하찮은 상황도 있나요?

기도하기에 대수롭지 않은 것은 아무것도 없습니다. 하나님은 우리 삶의 가장 작은 부분에 대해서도 듣고 싶어 하십니다.

? 하나님의 평강을 지니면 어떤 느낌인가요?

하나님의 평강은 우리의 걱정과 두려움을 하나님에 대한 믿음과, 하나님의 선하심에 대한 희망으로 이끕니다. 하나님의 평강은 때로 즉각적이지만, 때로는 마치 하나의 씨앗이 나무가 되어가는 것처럼 천천히 생겨나기도 합니다. 우리는 하나님의 평강을 느끼기 위해 기도 가운데 계속해서 인내해야 합니다.

다음 질문을 통해 아이들이 자신의 삶을, 그리고 이 교리문답이 각자에게 어떻게 영향을 줄지를 생각하도록 도와주십시오.

- 감사하지 않는 기도는 어떤 기도일까요? 감사 없이 기도한 경험이 있나요?
- 인내가 필요한 기도에는 어떤 것이 있나요?

⑩ 덕목 찾기

인내

아이들에게 인내가 무슨 뜻인지 물어보십시오. 인내란 어떤 구체적인 결과를 보기까지 오랜 시간을 기다려야 할 때에도 계속해서 참고 가는 것입니다.

열정적인 복음 전도자였던 조지 뮐러의 이야기를 나누십시오.

1844년, 조지 뮐러가 자기 친구 다섯을 위해 날마다 기도하기 시작했습니다. 여러 달 후에 한 친구가 그리스도인이 되었습니다. 십 년이라는 긴 세월이 지난 후에야 다

Notes

른 두 친구가 회심했습니다. 네 번째 친구는 뮐러가 25년이나 기도한 후에야 그리스도인이 되었습니다. 하지만 다섯 번째 친구는 여전히 믿지 않았습니다.

뮐러는 죽는 순간까지 인내하며 기도했습니다. 자기 친구를 위해 54년간 기도한 것입니다. 뮐러는 그 친구가 그리스도를 영접할 것이라는 희망을 절대로 버리지 않았습니다. 그의 믿음에는 상급이 따랐습니다. 뮐러의 장례식 직후 다섯 번째 친구가 믿게 된 것입니다! 그제야 그 인내가 보상을 받은 것입니다!

암송 활동

각각 빨대 하나와 단어별로 잘라 놓은 암송 구절 또는 교리문답을 팀별로 한 세트씩 나눠 주십시오(이 활동을 하기 전에 단어 크기와 종이의 무게가 적절한지 확인하십시오).

아이들을 두 팀으로 나누십시오. 각 팀마다 교실 반대편 끝에 탁자를 두고 한 세트씩 올려 놓으십시오. 아이들에게 릴레이 경주를 할 것이라고 설명해 주십시오. 아이들은 탁자로 달려가서 단어를 하나씩 빨대로 빨아들여 자기 팀으로 가지고 돌아와야 합니다. 한 아이가 돌아오면 다른 아이가 달려 나갑니다. 말씀을 먼저 다 모은 팀이 우승합니다. 인도자가 도움을 주기 위해서 게임을 하기 전에 말씀을 읽어 주어도 좋습니다. 게임을 마친 후에도 잘 기억하기 위해 몇 차례 더 읽어 주십시오.

마치는 기도

아이들이 자신의 기도 일기책에 또 다른 기도를 쓰도록 독려하십시오. 하나님이 아이들과 인도자에게 하나님의 선하심을 드러내는 자세로 기도에 임하게 도와달라고 기도하며 마무리하십시오.

문40

우리는 무엇을 기도해야 합니까?

답

하나님의 모든 말씀이 우리가 무엇을 기도해야 할지 가르치고 영감을 줍니다.

핵심 개념
하나님의 백성이 드리는 기도는 하나님의 말씀에 반응하여 발전되어야 한다.

목적
성경에서 하나님이 직접 하신 말씀이 기도의 기초가 되어야 한다는 사실을 아이들이 이해하도록 돕는다.

성경 본문
에베소서 3장 14-21절

암송 구절
"이러므로 내가 하늘과 땅에 있는 각 족속에게 이름을 주신 아버지 앞에 무릎을 꿇고 비노니 그의 영광의 풍성함을 따라 그의 성령으로 말미암아 너희 속사람을 능력으로 강건하게 하시오며 믿음으로 말미암아 그리스도께서 너희 마음에 계시게 하시옵고 너희가 사랑 가운데서 뿌리가 박히고 터가 굳어져서"(엡 3:14-17).

핵심 덕목
신뢰

Notes

기억하십시오

아이들은 본을 통해 배웁니다. 아이들은 자신의 삶에서 의미있는 사람들의 행동을 그대로 따라합니다. 아이들이 무엇을 기도해야 하는지를 배우는 한 가지 방법은 다른 사람의 기도를 따라하는 것입니다. 인도자는 아이들이 인도자의 기도를 관찰하고 모방한다는 사실을 반드시 의식해야 합니다. 이번 문답은 성경에 따른 기도의 예를 제시하여 아이들이 직접 기도할 때 본으로 삼을 수 있도록 도울 것입니다.

아이들은 스스로 기도하려고 할 때, 정확히 무슨 말을 해야 할지 몰라 힘들어 하기도 합니다. 이번 문답은 성경에 근거한 구체적인 사례들을 살펴보면서 아이들이 무엇을 기도할지에 대해서 효과적으로 생각해 보도록 도울 것입니다.

이번 문답은 신뢰할 수 있는 우리 하나님에 대해서 엄청난 확신을 품도록 다시 한 번 아이들을 독려할 것입니다. 하나님의 뜻과 영광을 위해 기도한다는 것이 무슨 뜻인지 곰곰이 생각해 보도록 도울 것입니다. 이번 문답을 통해 아이들의 기도와 찬양의 언어가 확장되기를 소망합니다.

수업을 계획하고 가르칠 때 기억할 것들

- 이번 문답은 기도를 집중적으로 다루는 세 번째 시간입니다. 아이들이 지루하게 느끼지 않도록 주의하십시오.
- 이번 문답의 초점은 하나님이 자신의 말씀을 통해 자기 백성들이 기도하도록 가르치신다는 사실에 두어야 합니다.
- 아이들에게 하나님은 자기 백성의 기도를 듣고 싶어 하신다는 사실을 새겨 주십시오.
- 인도자는 자신이 정한 시간 계획에 맞추어 이 문답에 있는 활동을 섞거나 수정할 수 있습니다(학습 계획을 예시한 13쪽을 참조하십시오). 그 요소들을 모두 할 시간이 없을지도 모릅니다. 여러분이 가르치는 아이들의 강점과 약점에 따라 각 활동을 자유롭게 응용하십시오.

기도하십시오

은혜로우신 하나님, 제가 하나님 말씀 안에서 시간을 보내며 기도 생활이 성장하도록 도와주십시오. 이번 문답을 배우는 아이들이 기도의 실제를 더 잘 이해하게 해주십시오. 아이들이 말씀과 기도 가운데 하나님과 보내는 시간을 사랑하도록 해주십시오. 예수님의 이름으로 기도합니다. 아멘.

문40 | 우리는 무엇을 기도해야 합니까?

Notes

준비하십시오
- "문40 교리문답 정리"(다운로드)
- "문40 하나님은 나에게 말씀하십니다"(자료집), 아이 수만큼
- 사인펜

교리문답 정리

"문40 교리문답 정리"(다운로드)를 프린트하여 자르십시오. 종이를 뒤섞은 후에 격자 모양으로 바닥에 뒤집어 두십시오.

이번에 할 활동은 기억력 게임입니다. 아이들을 앞으로 나오게 해서 종이 두 장을 뒤집게 하십시오. 이 게임의 방법은 짝이 맞는 질문과 답을 찾는 것입니다. 짝을 맞추지 못하면 종이를 다시 바닥에 뒤집어 놓도록 하십시오. 아이들은 종이를 뒤집을 때마다 내용을 기억해서 자신의 차례가 오면 짝을 맞추도록 하십시오. 가장 많이 짝을 맞춘 사람이 우승합니다!

문40 소개

아이들에게 "문40 하나님은 나에게 말씀하십니다"(자료집)를 복사하여 한 장씩 나눠 주십시오.

문40을 읽어 주십시오. "우리는 무엇을 기도해야 합니까?" 아이들에게 그리스도인이란 하나님과 관계를 맺고 있는 자들이며 예수님의 죽음과 부활을 통해 기도로 하나님께 직접 나아갈 수 있게 된 자들임을 새겨 주십시오. 기도는 하나님과 대화를 하는 것임을 강조하십시오. 그리스도인들이 하나님을 더 알고 이해할수록 무엇을 기도해야 하는지를 아는 것도 쉬워집니다.

좋은 대화는 양방향으로 이루어집니다. 우리가 하나님과 대화할 때 하나님은 말씀을 통해 우리에게 말씀하시고 우리는 기도로 응답합니다.

하나님은 이미 자신의 말씀으로 우리에게 이야기하시며 대화를 시작하셨습니다. 종이에 기록된 성경 구절들은 하나님이 우리에게 이야기하신 모든 것입니다.

Notes

활동

아이들에게 사인펜을 나눠 주십시오.

아이들에게 하나님이 시작하신 대화에 대답을 해보라고 독려하십시오. 몇 분간 "문40 하나님이 나에게 말씀하십니다"(자료집)에 있는 각 성경 구절에 응답하는 기도를 써 보도록 하십시오. 만약 성경 구절이 명령이라면, 하나님께 그 명령을 지킬 수 있도록 도와달라고 구해도 좋습니다. 만약 성경 구절이 약속이라면, 그 약속을 하신 하나님께 감사하고 그것을 자신의 약속으로 받아들여도 좋습니다.

수업 개요

수업을 시작하면서 하나님께 도움을 구하십시오. 자신이 이번 문답을 신실하게 가르치게 해달라고, 아이들이 잘 듣게 해달라고 간구하십시오.

다시 한 번 아이들에게 바울을 소개하십시오. 바울은 기도의 사람이었고, 하나님의 백성들에게 보낸 편지에 자신의 기도를 여러 편 기록했습니다. 아이들에게 에베소서 3장 14-21절에 있는 바울의 기도를 배우며 무엇을 기도해야 할지에 대해 생각해 보는 시간이 될 것이라고 말하십시오.

아이들에게 어떤 기도를 가장 자주 드리는지 생각해 보라고 하십시오(아이들에게 크게 대답하지 않아도 괜찮다고 안심시키십시오). 누군가가 가장 사랑하는 것이 무엇인지를 찾아내는 가장 좋은 방법은 그 사람이 무엇을 위해 기도하는지 살펴보는 것입니다.

에베소서 3장 14-21절을 읽으십시오. 아이들이 말씀을 함께 읽을 수 있도록 성경을 준비하십시오.

바울은 에베소서 3장에서 이 기도를 드리기 직전, 하나님이 세상에 품으신 목적을 설명했습니다. 그 목적이란 예수 그리스도를 통해 사람들을 하나님께 나아오게 하는 것입니다. 그렇기 때문에 바울은 기도문 시작(13절)에 "그러므로"라고 말한 것입니다. 바울은 하나님의 뜻을 분명히 이해했기 때문에 에베소의 그리스도인들을 위해 무릎을 꿇고 기도한 것입니다.

아이들에게 하나님이 자신의 세상과 자기 백성을 향해 품으신 목적을 그들이 어떻게 더 분명하게 이해할 수 있었는지 물어보십시오. 이 세상에 대한 하나님의 뜻을 바르게 이해하게 된다면 기도에 맹렬한 열기를 더할 것입니다. 아이들이 하나님의 말씀을 읽음으로써 하나님의 성품과 사명을 깨닫도록 도우십시오.

바울은 하나님께 에베소의 그리스도인들이 그리스도인다운 삶 가운데 성장하여 성숙한 믿음의 사람들이 되게 해달라고 기도합니다. 바울은 예수님이 믿는 자들의 마음을 다스리시고 평생 하나님을 섬기는 일에 힘을 주시기

문40 | 우리는 무엇을 기도해야 합니까?

Notes

를 기도합니다. 아이들에게 바울이 하나님께 기도할 때, 성령의 능력을 구했다는 점을 새겨 주십시오.

바울은 또한 그리스도인들이 예수님께서 그들을 향해 품으신 위대한 사랑을 알게 해달라고 기도합니다. 바울은 에베소인들이 예수님의 사랑을 깊이, 단지 머리만이 아닌 마음 깊이 알기를 원했습니다. 그리고 하나님의 능력으로 믿는 자들이 예수 그리스도의 사랑이 얼마나 넓고 길고 높고 깊은지를 이해하게 해달라고 구하였습니다. 하나님의 도우심이 없으면 사람의 이해는 한계가 있기 때문입니다.

바울은 하나님이 자신의 기도를 들으시고 응답하시리라는 것을 완전히 신뢰하며 하나님께 나아갔습니다(이것이 바로 지난 문답에서 말한 자세입니다).

아이들에게 이 구절이 우리가 드리는 기도의 내용에 대해 무엇을 가르치고 있는지 물어 보십시오.

아이들이 문40과 답을 기억하도록 도우면서 수업을 마치십시오.

이 내용은 단순히 수업 지도를 위한 것입니다. 가르치는 아이들과 상황에 따라 이 내용을 확장하거나 수정하십시오. 여러분의 말로 여러분의 이야기를 쓰십시오. 그리고 아이들에게 적절하게 응용할 만한 예화나 적용을 추가하십시오.

활동

아이들이 나란히 줄 맞춰 서고 어깨동무를 하도록 하십시오. 균형을 유지하려면 서로를 지지해 줘야 합니다.

아이들에게 사람들은 종종 성경이 가르치는 내용과 **어긋나는** 방식으로 기도한다고 말해 주십시오. 몇 가지 기도문을 읽어 주십시오. 이제 읽을 기도문이 성경이 가르치는 바에 부합하면 아이들은 오른발로만 서야 합니다. 기도문이 성경이 가르치는 바와 어긋난다면 왼발로만 서야 합니다. 모든 아이가 어느 편이 왼발이고 어느 편이 오른발인지 확인하게 합니다. 서로를 지지하면서 오른발과 왼발을 바꿔 보는 연습을 몇 분간 하게 하십시오. 그리고 다음 기도문을 읽어 주십시오.

- 하나님, 저는 이 인형이 없으면 행복하지 않아요. 그러니까 하나만 주세요. (왼발)
- 하나님, 제가 가진 것에 만족하도록 도와주세요. 저에게 유익하다면 새 자전거 하나가 있으면 좋겠어요. (오른발)
- 하나님, 제가 엄마 지갑에서 돈 훔친 걸 엄마가 모르게 해주세요. (왼발)
- 하나님, 아빠한테 거짓말한 것을 용서해 주세요. 아빠한테 고백할 수 있는 용기를 주세요. (오른발)

Notes

- 하나님, 하나님께서는 병을 고쳐 줄 능력이 있다는 사실을 알아요. 우리 할머니의 폐렴을 고쳐 주세요. (오른발)
- 하나님, 우리를 고쳐 주시는 것이 언제나 하나님의 뜻임을 감사합니다. 당신이 우리를 고쳐 주신다는 사실만 믿으면 어떤 약도 필요하지 않게 해주셔서 감사합니다. (왼발)
- 하나님, 하나님은 무척 바쁘신 분이라 귀찮게 하면 안 된다고 생각해요. 그래서 이번에 볼 시험에 대해서는 도움을 구하지 않을 거예요. (왼발)
- 하나님, 저를 사랑하시고 삶의 모든 것을 돌봐 주신다는 사실을 알아요. 같이 점심을 먹을 친구를 한 명만 보내 주세요. (오른발)
- 하나님, 여동생이 이번 주에만 다섯 번 내 방을 어질러 놨어요. 제가 다시 용서할 거라고 기대하시는 건 아니죠? (왼발)
- 하나님, 형이 나한테 소리 지른 걸 용서하도록 도와주세요. 하나님이 저를 용서해 주셨기 때문에 저도 다른 사람들을 용서해야 한다는 사실을 기억하도록 도와주세요. (오른발)

5. 토론과 질문

아이들은 다음과 같은 질문을 할 수도 있습니다.

? 육체나 물질에 대해 기도하는 것은 잘못된 건가요?

그렇지 않습니다. 하나님은 우리의 모든 필요와 바람을 자신에게 가져오기를 바라십니다.

? 우리는 언제나 성경에 있는 기도를 그대로 따라해야 하나요?

그렇지 않습니다. 하지만 성경에 있는 기도는 우리가 따라야 할 모범이 됩니다.

? 우리는 그리스도인이 아닌 사람을 위해 어떻게 기도해야 하나요?

그리스도인이 아닌 사람을 위해 기도해야 할 가장 중요한 것은 그들이 예수님을 구원을 주시는 분으로 신뢰하게 해달라는 것입니다. 우리는 하나님의 가족이 아닌 자들을 위해서 기도할 수 있고, 또한 기도해야만 합니다.

다음 질문을 통해 아이들이 자신의 삶을, 그리고 이 교리문답이 각자에게 어떻게 영향을 줄지를 생각하도록 도와주십시오.

- 기도하는 것을 즐겨합니까? (기도는 자전거를 타는 것과 조금 비슷합니다. 많이 할수록 더 쉬워지고 즐거워집니다.)
- 예수님의 사랑을 더 잘 이해한다면 기도에 어떠한 영향을 끼치게 될까요?

문40 | 우리는 무엇을 기도해야 합니까?

덕목 찾기

신뢰

야고보서 5장 16절 말씀은 "서로 기도하라"입니다. 누군가에게 우리를 위해 기도해 달라고 부탁하기 위해서는 신뢰가 필요합니다. 다음 짧은 이야기를 아이들에게 읽어 주십시오.

"하이디, 무슨 문제 있어?" 사라가 물었습니다. 사라는 하이디가 기분이 상했다는 사실을 알 수 있었어요. 쉬는 시간 내내 하이디는 다른 친구들과 놀지 않고 그네에만 앉아 있었는데, 그네를 한 번도 앞뒤로 흔들지 않고 있던 거예요.
"어, 좀 창피한 일이 있어." 하이디는 말했어요. "그런데 누구도 알면 안 될 것 같아."
"나한테는 말해도 돼." 사라가 말했어요. "그래야 내가 기도해 주지." 하이디가 말했어요. "그래, 네 말이 맞는 것 같아. 어젯밤에 엄마가 동생 머리에서 이를 본 거야. 나는 정말 당황했지. 나한테는 이가 없는데, 자꾸 냄새가 지독한 특수 샴푸를 써야 한다고 하는 거야. 나한테 이가 생기지 않도록 기도해 줄래?"
"물론이지!" 사라는 말했어요. 그리고 정글짐에 앉아 있는 친구들에게 달려갔어요. 하이디는 기분이 좋아진 것 같았지만, 어느샌가 아이들이 모두 자신을 바라보고 있는 걸 느꼈어요. 아이들이 모두 눈을 크게 떴어요. 그러더니 웃기 시작했어요. 사라가 아이들에게 가서 하이디에게 이가 있다고 말해 버린 거였어요!

아이들에게 사라가 정말로 하이디를 위해서 기도해 주고 싶어 한 것인지 물어보십시오. 사라는 믿을 만한 사람인가요? 누군가가 비밀 기도 제목을 나눴을 때 어떻게 반응하는 것이 신뢰할 수 있는 방법인가요?

암송 활동

아이들을 두 팀으로 나누십시오. 암송 구절 또는 교리문답을 몇 차례 크게 읽어 주십시오.

각 팀은 암송 구절 또는 교리문답을 발표할 창조적인 방법을 생각해 내야 합니다. 노래로 할 수도 있고 사투리로 읽어도 좋습니다. 또는 행동을 곁들이거나 마임을 해도 좋습니다. 아이들이 자유롭게 표현할 수 있도록 하십시오.

암송 구절을 다 같이 읽고 마무리하십시오.

Notes

⑤ 마치는 기도

아이들이 성경 말씀을 읽으면서 효과적으로 기도하는 법을 배울 수 있게 해달라고, 그래서 하나님과의 관계가 성장하게 해달라고 기도하십시오.

문41

주기도문은 무엇입니까?

답

하늘에 계신 우리 아버지여 이름이 거룩히 여김을 받으시오며 나라가 임하시오며 뜻이 하늘에서 이루어진 것같이 땅에서도 이루어지이다. 오늘 우리에게 일용할 양식을 주시옵고 우리가 우리에게 죄 지은 자를 사하여 준 것같이 우리 죄를 사하여 주시옵고 우리를 시험에 들게 하지 마시옵고 다만 악에서 구하시옵소서.

핵심 개념
예수님은 제자들에게 주기도문을 가르치시며 모든 믿는 자들에게 기도의 본을 베푸셨다.

암송 구절
"너희는 이렇게 기도하라 하늘에 계신 우리 아버지여 이름이 거룩히 여김을 받으시오며"(마 6:9).

목적
아이들이 주기도문을 기도의 본으로 삼아 일상 기도에 더욱 준비되게 한다.

핵심 덕목
겸손

성경 본문
마태복음 6장 5-15절

Notes

기억하십시오

몇몇 아이들은 이미 주기도문을 암송하고 있을 것입니다. 하지만 이 기도문이 아름다운 기도의 모범을 담고 있고, 믿는 사람들이 모두 따라야 할 기도라는 것은 깨닫고 있지 못할 수 있습니다. 때로는 너무 친숙하기 때문에 오히려 이 기도문의 본질이 간과되기도 합니다. 주기도문을 배우고 암송하는 것은 잘못된 일이 아닙니다. 하지만 이 기도문에 담긴 기도의 원형을 분명하게 이해하는 것이 더 중요합니다.

이번 문답은 아이들이 무엇을 기도하며, 어떻게 기도해야 할지를 더욱 잘 이해하도록 할 것입니다. 특별히 이번 문답은 〈뉴시티 교리문답〉에서 기도를 다루는 질문들의 결론입니다.

수업을 계획하고 가르칠 때 기억할 것들
- 아이들이 주기도문에 친숙하다는 것에 주의하십시오. 이는 아이들을 이번 수업에 참여시키기 위해서는 특별히 수고해야 한다는 뜻이기도 합니다.
- 이번 문답은 예수님이 우리에게 개인적으로 따를 만한 탁월한 기도의 모범을 주셨다는 사실을 보여 줄 것입니다.
- 인도자는 자신이 정한 시간 계획에 맞추어 이 문답에 있는 활동을 섞거나 수정할 수 있습니다(학습 계획을 예시한 13쪽을 참조하십시오). 그 요소들을 모두 할 시간이 없을지도 모릅니다. 여러분이 가르치는 아이들의 강점과 약점에 따라 각 활동을 자유롭게 응용하십시오.

기도하십시오

하나님 아버지, 예수님이 직접 가르치신 기도를 배우면서 도전받고 영감을 얻도록 도와주십시오. 새로운 눈으로 이 말씀을 읽도록 저를 도와주십시오. 하나님의 말씀과 합하고, 하나님의 이름을 영광스럽게 하는 기도를 하도록 아이들을 가르치게 해주십시오. 이번 문답을 배우는 아이들이 말씀을 통해 하나님이 정립하신 기도의 모범에 도전받도록 해주십시오. 예수님의 이름으로 기도합니다. 아멘.

준비하십시오
- 탁구공
- 가방 또는 상자
- "문41 학습 기술 삽화"(자료집)
- "문41 주기도문 책갈피"(자료집), 아이 수만큼 두꺼운 종이에 복사
- 사인펜

문41 | 주기도문은 무엇입니까?

Notes

- 책갈피를 장식할 스티커
- 마태복음 6장 9-13절 말씀 프린트, 아이 수 만큼
- 지난 문답에 사용한 기도 일기책
- 화이트 보드와 펜

교리문답 정리

이미 배운 문답의 번호를 탁구공에 적어서 가방이나 상자에 넣으십시오. 여유가 된다면, 케이지 빙고나 빙고 블로워를 구입하거나 직접 만드십시오. 더 재미있을 것입니다.

아이들을 두 팀으로 나누고 이미 배운 교리문답 몇 가지를 기억하도록 도울 퀴즈를 풀게 될 것이라고 설명하십시오. 각 팀은 상대팀이 맞힐 공을 뽑게 하십시오. 상대방이 그 숫자에 따른 질문과 답을 말하면 2점을 얻습니다. 점수가 가장 많은 팀이 우승합니다! 이 게임은 재미와 더불어 아이들을 모두 참여하게 하는 활동임을 기억하십시오!

문41 소개

아이들에게 "문41 학습 기술 삽화"(자료집)를 보여 주십시오. 아이들에게 각 사람이 어떤 일을 하고 있는지 맞혀 보라고 하십시오(스키 타기, 스카이다이빙, 첼로 연주, 펜싱, 운전). 아이들에게 이것들은 모두 배우기 즐거운 것들이라고 이야기해 주십시오. 어떻게 사람들은 이러한 활동을 배우기 시작하나요?

이러한 기술을 익히려면 선생님이 필요합니다. 우리는 살아가면서 많은 것을 배워야만 합니다. 그리스도인의 삶 역시 가르침과 배움이 전부입니다. 우리는 배워야 하고 그리스도인으로서 성장해야 합니다. 문41을 읽어 주십시오. "주기도문은 무엇입니까?" 그리고 이를 통해 우리는 예수님이 제자들에게 기도하는 방법을 어떻게 가르치셨는지 보게 될 것이라고 아이들에게 설명하십시오. 제자들은 예수님께 말했습니다. "주여, 우리에게 기도를 가르쳐 주옵소서." 그러자 예수님은 우리가 지금 주기도문으로 알고 있는 이 기도로 본을 보여 주셨습니다.

Notes

활동

"문41 주기도문 책갈피"(자료집)를 두꺼운 종이에 복사하여 아이들에게 하나씩 잘라서 나눠 주십시오. 책갈피를 장식할 수 있도록 사인펜과 스티커를 나눠 주십시오.

아이들에게 책갈피를 창의적으로 꾸며 보도록 독려하시고 집에 가지고 가서 성경이나 기도 일기책에 간직하라고 하십시오. 책갈피를 꾸미는 동안 차례대로 기도문을 크게 읽어 암송할 수 있도록 하십시오.

수업 개요

아이 수만큼 마태복음 6장 9-13절 말씀을 프린트하십시오. 사인펜을 많이 준비하십시오.

수업을 시작하면서 하나님께 도움을 구하십시오. 자신이 이번 문답을 신실하게 가르치게 해달라고, 아이들이 잘 듣게 해달라고 간구하십시오.

아이들에게 마태복음을 소개하십시오. 마태복음은 예수님의 삶과 사역에 대해서 많은 내용을 기록하고 있습니다. 6장은 예수님이 말씀하신 긴 설교의 일부입니다(산상수훈이라고 합니다). 이번 문답은 그 설교 중에서 기도를 다루는 부분에 집중할 것입니다.

예수님은 자신의 설교를 듣는 자들에게 기도는 하나님과의 개인적 관계임을 알려 주십니다. 아이들에게 우리의 자세가 중요하다는 점을 상기시키십시오! 우리가 하나님에 대해 아는 것, 즉 하나님은 사랑이 많으시고 전능하신 아버지라는 사실은 우리가 기도 가운데 하나님께 나아가는 방식에 영향을 끼칩니다.

두꺼운 종이에 복사한 마태복음 6장 9-13절을 나눠 주십시오.

마태복음 6장 9-13절은 예수님이 제자들에게 어떻게 기도해야 하는지를 가르치는 부분입니다. 그리고 이 기도는 지금도 모든 믿는 자에게 기도의 본이 되어야 합니다.

아이들에게 주기도문을 읽게 하고, 자기가 받은 복사본에 다음과 같이 하도록 지시하십시오.

- 기도에서 예수님이 하나님을 언급한 부분에 동그라미 표시를 하십시오.
- 예수님이 성부 하나님을 찬양하신 부분에는 구불구불한 줄을 그으십시오.
- 예수님이 자신과 제자들을 위해서 요구하신 부분에는 반듯한 밑줄을 그으십시오.

예수님이 기도에 대해 가르치신 내용을 이해할 수 있도록 아이들에게 몇 가지 질문을 하십시오.

1. 예수님이 기도하신 방식으로 볼 때, 우리는

문41 | 주기도문은 무엇입니까?

Notes

기도 중에 하나님을 불러야 합니까?

예수님은 우리 기도를 성부 하나님께 드리도록 가르치십니다. 그리스도인들은 하나님의 가족으로 입양되었고, 따라서 하나님을 아버지라 부를 수 있습니다. 우리가 하나님을 아버지로 알아 갈수록 기도하는 일은 더욱 쉬워질 것입니다!

2. 예수님은 "하나님의 뜻이 이루어지이다"라고 하셨는데 이는 무엇을 뜻하신 것입니까?

예수님은 많은 사람이 그리스도인이 되어, 마음을 다해 하나님을 사랑하고 하나님의 말씀을 따라 행동하기를 구하신 것입니다.

3. 왜 예수님은 하나님의 이름이 거룩히 여김을 받게 해달라고 구합니까?

이것은 하나님을 찬양하고, 하나님이 그 누구보다도 존경받고 예배받아야 한다는 것을 말하는 방식입니다.

4. 왜 예수님은 일용할 양식을 위해 기도하십니까?

예수님은 우리에게 필수적이며 일상적인 필요를 구하도록 독려하십니다. 이는 모든 좋은 선물이 하나님에게서 나온 것임을 기억하게 합니다. 하나님이 아니면 우리에게는 음식도 없습니다!

5. 이 기도의 모범은 용서에 대해서 무엇을 가르칩니까?

우리가 하나님께 용서를 구하려면, 반드시 우리도 우리에게 잘못한 사람을 용서해야만 합니다.

6. 예수님은 왜 우리가 시험에 들지 않게 해달라고 기도하십니까?

우리는 죄악 된 본성 때문에 쉽게 죄에 미혹되기 때문입니다. 우리는 유혹을 인식하고 도망가게 하시는 하나님의 도움이 필요합니다.

아이들이 문41과 답을 기억하도록 도우면서 수업을 마치십시오.

이 내용은 단순히 수업 지도를 위한 것입니다. 가르치는 아이들과 상황에 따라 이 내용을 확장하거나 수정하십시오. 여러분의 말로 여러분의 이야기를 쓰십시오. 그리고 아이들에게 적절하게 응용할 만한 예화나 적용을 추가하십시오.

활동

아이들에게 본인의 기도 일기책을 나눠 줍니다. 지난 시간에 빠졌던 아이를 위해 여분을 준비하십시오.

아이들에게 주기도문의 모범에 감동을 받은 대로 자신의 기도문을 쓰도록 하십시오. 기도문에는 찬양, 이 세상에서 하나님이 일하시길 바라는 간구, 필요의 간구, 용서의 간구, 도움

Notes

의 간구가 들어가야 합니다. 그러면 주기도문보다 더욱 구체적인 기도를 작성할 수도 있습니다. 예를 들어, 음식보다 많은 필요를 작성할 수도 있습니다. 또한 특별한 죄에 대한 용서를 구할 수도 있습니다. 이것은 하나님의 눈에만 보이도록 하는 것임을 강조하십시오.

이번 시간에는 기도 일기책을 집에 가져가도록 하십시오.

토론과 질문

아이들은 다음과 같은 질문을 할 수도 있습니다.

? 성경에 언급되지 않은 것들을 기도할 수 있나요?

그렇습니다. 우리는 모든 찬양과 요구를 하나님께 가져갈 수 있습니다.

? 우리는 언제나 주기도문의 모범을 사용해야만 하나요?

그렇습니다. 하나님은 자기 백성의 기도에 응답하십니다. 하지만 항상 사람이 원하거나 기대하는 것과 같지는 않습니다. 때로 하나님은 "아니야"라고 말씀하시고, 때로는 "그래"라고 말씀하시고, 때로는 "기다리라"고 말씀하십니다.

다음 질문을 통해 아이들이 자신의 삶을, 그리고 이 교리문답이 각자에게 어떻게 영향을 줄지를 생각하도록 도와주십시오.

- 어떻게 이 기도의 모범을 자신의 기도생활에 적용할 수 있을까요?
- 하나님의 뜻이 이 땅에서 이뤄지도록 기도할 수 있는 구체적인 방법에는 무엇이 있을까요?
- 하나님께 일용할 양식을 구한다는 것이 무슨 뜻인가요?

덕목 찾기

겸손

주기도문에서 예수님은 아버지께 일용할 양식(빵)을 베풀어 주시길 구하셨습니다. 아이들에게 양식이 어디에서 오는지 생각해 보라고 하십시오. 빵이 자기 앞에 오기까지 거쳐야 할 단계들을 생각해 보도록 하십시오.

- 누군가가 가게나 빵집에서 빵을 삽니다.
- 누군가가 밀가루 반죽을 굽습니다.
- 누군가가 재료를 섞습니다.

문41 | 주기도문은 무엇입니까?

Notes

- 누군가가 밀을 가루로 만듭니다.
- 누군가가 밭에서 밀을 땁니다.
- 햇빛과 비가 밀을 자라게 합니다.
- 누군가가 밀을 심습니다.

우리가 자주 먹는 빵은 만들어지기까지 여러 단계를 거치게 됩니다. 세상에서 가장 부자인 사람은 일용할 양식을 하나님께 구할 필요가 없다고 생각할지 모릅니다. 자기 돈으로 사면 되니까요! 하지만 아이들에게 이 단계 중에 이 세상의 모든 돈으로도 할 수 없는 단계가 어떤 것인지 물어보십시오.

아이들이 오직 하나님만이 햇빛과 비를 주신다는 사실을 깨닫도록 도와주십시오. 우리가 아무리 부유하고 힘이 세다고 하더라도, 하나님이 우리에게 필요한 것을 주시지 않으면 우리가 먹을 빵도 구할 수 없습니다. 이 사실을 깨달으면 우리는 겸손해집니다.

아이들에게 주기도문에서 우리를 겸손하게 만드는 다른 내용이 있는지 물어보십시오. "우리가 우리에게 죄 지은 자를 사하여 준 것같이"라고 기도할 때는, 어느 누구도 다른 사람보다 조금도 낫지 않다는 사실을 기억하게 합니다. 우리는 모두 하나님의 용서가 필요합니다. 이 사실은 우리를 겸손하게 만듭니다!

암송 활동

암송 구절 또는 교리문답을 화이트 보드 위에 크게 써서 아이들이 모두 볼 수 있게 하십시오.

아이들에게 여러분이 일련의 동작들을 취하면서 암송 구절 또는 교리문답을 읽어 줄 것이라고 말해 주십시오.

- 말씀을 크게 읽으며 머리를 두들깁니다.
- 말씀을 크게 읽으며 한 발로 뜁니다.
- 말씀을 크게 읽으며 팔 벌려 높이 뛰기를 합니다.
- 말씀을 크게 읽으며 손뼉을 칩니다.
- 눈을 감은 채로 말씀을 크게 외칩니다.

마치는 기도

주기도문으로 함께 기도하고 수업을 마무리하십시오.

인도자 가이드 3

성령 하나님
회복
성화

문42

하나님의 말씀을 어떻게 읽고 들어야 합니까?

답

열심을 다해 준비된 마음으로 기도하며 읽고 들어야 합니다.
그리하여 믿음으로 말씀을 받아들이고,
우리 삶으로 말씀을 실천해야 합니다.

핵심 개념
하나님의 말씀은 기도하는 마음으로 간절히, 경외심을 품고 겸손하게 읽고 들어야 한다.

목적
어떻게 하면 하나님이 기뻐하시는 방법으로 성경을 접할 수 있을지 아이들이 이해하도록 돕는다.

성경 본문
디모데후서 3장 10-17절

암송 구절
"모든 성경은 하나님의 감동으로 된 것으로 교훈과 책망과 바르게 함과 의로 교육하기에 유익하니 이는 하나님의 사람으로 온전하게 하며 모든 선한 일을 행할 능력을 갖추게 하려 함이라"(딤후 3:16-17).

핵심 덕목

희망

Notes

기억하십시오

성경 읽기는 가장 귀중한 과정입니다. 하나님은 성경을 통해 자신을 우리에게 드러내시기로 정하셨고, 성령 하나님은 우리가 말씀을 읽을 때 들을 귀 있는 자들의 마음과 생각을 변화시키십니다. 많은 사람이 성경을 읽을 때 부주의하게 접근합니다. 몇몇은 성경을 다른 책들과 동일하게 대하며 별 생각 없이 다가갑니다.

이번 문답은 아이들이 하나님의 말씀에 진중하게 접근하도록 독려할 것입니다. 아이들이 하나님의 말씀을 읽을 때, 하나님이 실제로 우리에게 말하고 계신다는 것을 기억하게 만들 것입니다. 이번 문답을 통해, 아이들은 기도하는 마음으로 기대와 희망을 품고 성경 말씀을 읽고 들을 수 있도록 준비될 것입니다. 또한 아이들이 하나님의 말씀 가운데 시간을 보내며 그 말씀을 마음에 간직하도록 고무할 것입니다.

수업을 계획하고 가르칠 때 기억할 것들

- 성경을 예배하도록 권하는 것이 아니라, 성경에서 드러난 하나님을 예배하도록 권하도록 주의하십시오.
- 아이들이 하나님의 말씀을 들을 때 하나님을 만난다는 생각에 신이 나도록 도우십시오. 하나님이 성경을 통해 말씀하신다는 사실을 분명하게 전하십시오.
- 인도자는 자신이 정한 시간 계획에 맞추어 이 문답에 있는 활동을 섞거나 수정할 수 있습니다(학습 계획을 예시한 13쪽을 참조하십시오). 그 요소들을 모두 할 시간이 없을지도 모릅니다. 여러분이 가르치는 아이들의 강점과 약점에 따라 각 활동을 자유롭게 응용하십시오.

기도하십시오

은혜로우신 하나님, 말씀이라는 선물을 우리에게 주심을 찬양합니다. 말씀을 통해 자신을 드러내시고, 삶과 구원에 필요한 모든 것을 말씀에 담아 주시니 감사합니다. 성경을 배울 때에 제 안에 바른 자세를 키워 주십시오. 잘 배우게 하시고 겸손하게 하시고 말씀 가운데 하나님을 만나려는 열심이 있게 하십시오. 이번 문답을 배우는 아이들에게 이해하는 마음을 주십시오. 아이들이 신실하게 기대하면서 성경을 접할 수 있도록 해주십시오. 예수님의 이름으로 기도합니다. 아멘.

문42 | 하나님의 말씀을 어떻게 읽고 들어야 합니까?

Notes

준비하십시오

- 규격 봉투 8장
- 포스터 보드
- 색인 카드
- 붉은색 판지
- 가위
- 풀
- 펜 또는 연필
- 디모데후서 3장 16-17절 말씀을 프린트한 종이

교리문답 정리

규격 봉투 8장의 입구를 풀로 붙이십시오. 그리고 각각 반으로 잘라, 한쪽이 열린 16개의 봉투를 만드십시오. 그리고 포스터 보드에 열린 면이 위로 오도록 4x4 격자 모양으로 붙이십시오. 그리고 각 봉투에 색인 카드를 하나씩 넣으십시오. 카드 4개는 빈 것으로 놓아 두고, 다른 12개의 카드들에는 다음 문장 중 하나를 적으십시오.

- 다른 팀과 점수를 바꾼다.
- 자기 팀이 2점을 얻는다.
- 자기 팀이 2점을 잃는다.
- 두 팀 모두 4점을 잃는다.
- 자기 팀 점수가 0점이 된다.
- 다른 팀 점수가 0점이 된다.

두 팀의 점수를 모두 기록하여 점수를 바꾸라고 지시하는 카드가 나올 때 지시에 따를 수 있도록 하십시오.

아이들을 두 팀으로 나누십시오. 각 팀에게 차례대로 교리문답에 있는 질문을 하면 그에 맞는 답을 말하도록 하십시오. 질문을 읽으면, 그 팀은 반드시 그에 맞는 답을 해야 합니다. 답을 할 기회는 한 번뿐입니다. 정답을 말하면, 봉투에서 카드를 고를 수 있습니다. 점수를 얻거나, 잃거나, 바꾸거나, 점수가 완전히 없어지기도 할 것입니다! 카드를 다 뽑았을 때, 가장 많은 점수를 얻은 팀이 우승합니다. 이 게임의 목적은 재미있게 교리문답을 복습하도록 하는 것입니다.

문42 소개

아이들에게 오늘 공부를 시작하기 전에 상상을 해야 한다고 말해 주십시오. 아이들에게 자신이 작은 왕국의 시민이 되었다고 상상해 보라고 하십시오. 그 영토가 기근에 빠져 있습니다. 하지만 왕은 현명하게도 수년 동안 곡식을 저장하여 백성은 굶지 않게 되었습니다. 하지

Notes

만 그 왕에게는 오직 자기 백성만 먹일 곡식이 있었습니다.

어느 날 다른 나라들이 곡식을 뺏기 위해 침략하기로 모의한다는 소식이 들려왔습니다. 이런 이유로 왕은 성벽 밖 멀리 있는 비밀 장소에 곡식을 저장했습니다. 왕은 다른 왕국들이 침략하면 자신이 죽게 될 것을 알았기 때문에 알현실로 시민들을 불러 모았습니다.

왕이 말했습니다. "주의 깊게 들으십시오. 우리는 엄청난 전투를 맞이하게 될 것입니다. 우리 도시에 닥친 공격 속에서 누가 살아남을지는 모릅니다. 내가 곡식을 어디에 감추었는지 말하려고 합니다. 그 곡식이 없으면 기근을 지내지 못할 것입니다. 하지만 곡식은 먼 곳에 보관되어 있습니다. 모두 내 지시 사항을 주의 깊게 따르지 않으면 찾을 수 없을 것입니다."

아이들에게 물어보십시오. 이 시민들은 어떠한 자세로 그 말을 들었을까요? 다른 데 정신이 팔려 있을까요? 다른 일을 생각했을까요? 왕이 이야기하는데 서로 잡담을 했을까요?

아이들에게 누군가가 목숨이 걸린 메시지를 전하고 있다면 집중해서 들어야 한다는 점을 확실히 이야기해 주십시오. 하나님은 자신의 말씀으로 우리에게 이야기하셨습니다. 그리고 그분의 말씀은 그 어느 것보다도 중요합니다. 따라서 우리는 그 시민들이 왕의 이야기를 들은 것만큼 하나님 말씀을 최대한 신중하게 경외감을 가지고 들어야 합니다.

활동

아이들을 몇 팀으로 나누십시오. 아이들에게 성경에 관한 영화의 예고편을 만들어 보라고 하십시오. 그 예고편으로 관객에게 성경 이야기의 일부(결론은 아님!)와 사람들이 성경에 관심을 갖는 모든 이유를 전해야 한다고 이야기해 주십시오. 시간을 조금 더 주고, 팀마다 영화 예고편을 발표하게 하고 스마트폰으로 녹화하십시오.

수업 개요

수업을 시작하면서 하나님께 도움을 구하십시오. 자신이 이번 문답을 신실하게 가르치게 해달라고, 아이들이 잘 듣게 해달라고 간구하십시오.

아이들에게 하나님이 말씀하신다는 사실을 새겨 주십시오. 하나님은 자신의 말씀을 인간 저자를 통해 기록하셔서, 사람들이 생명과 구원에 필요한 모든 것을 알게 하셨습니다. 아이들이 하나님께서 스스로 말씀으로 나타내신 진리의 중요성을 파악할 수 있도록 독려하십시오. 하나님은 알려지지 않은 신도 아니고, 완전히 신비한 존재도 아니십니다. 하나님은

문42 | 하나님의 말씀을 어떻게 읽고 들어야 합니까?

Notes

자신을 알리기를 기뻐하시고 알려지기를 열망하십니다.

성경은 지금까지 기록된 책 중에 가장 중요한 책입니다. 성경은 하나님이 인류와 소통하는 주된 방식이기 때문입니다. 하나님은 오늘날도 여전히 말씀을 통해 이야기하십니다.

아이들에게 다른 책과 같은 방식으로 성경 말씀을 들어야 한다고 생각하는지 한 번 깊이 생각해 보아야 합니다. 아이들에게 성경을 읽기 전에 어떤 준비 과정이 필요하다고 생각하는지 물어보십시오.

우리는 하나님의 말씀을 어떻게 읽고 들어야 하는지에 대해서 신중하게 생각해 보아야 합니다.

바울이 디모데에게 보낸 편지가 하나님의 말씀에 어떻게 다가가야 하는지를 생각해 보는 데 도움이 될 것입니다.

디모데후서 3장 10-17절 말씀을 읽으십시오. 아이들이 말씀을 함께 읽을 수 있도록 성경을 준비하십시오.

성경을 읽는다는 것은 살아 계신 하나님께 말씀을 듣는 것이므로 아이들이 하나님의 말씀을 듣기 위해서 준비를 해야 한다는 점을 깨달아야 합니다.

디모데후서의 이 부분에서, 바울은 디모데에게 세상과 달라야 하고, 의심하는 자들과 비난하는 자들 앞에서 자신이 믿는 바를 위해 굳게 서야 한다고 권면하고 있습니다. 바울은 디모데에게 스스로 믿게 된 진리를 확신하라고 권합니다. 이는 디모데가 바울의 삶에서 확인하고 하나님의 말씀 가운데 만난 진리입니다.

바울은 디모데에게 모든 성경은 하나님의 감동으로 된 것, 완전히 하나님의 영감으로 된 것이라고 말합니다. 바울은 하나님을 성경의 근원으로 여깁니다. 하지만 바울은 성경의 목적을 이렇게 설명합니다. "교훈과 책망과 바르게 함과 의로 교육하기에 유익하니." 성경은 하나님이 그리스도인들을 성숙하게 만드시는 수단입니다.

아이들에게 누군가가 그리스도인이 되면, 성령님이 그 안에 들어가셔서 사신다는 점을 새겨 주십시오. 그리스도인이 성경을 읽을 때, 성령님은 그 말씀을 그리스도인의 삶에 적용시키십니다. 따라서 그리스도인은 성경을 읽을 때마다 하나님의 말씀을 듣는 것입니다. 우리는 반드시 잘 듣고 성령님이 우리의 삶에서 일하시도록 해야 합니다.

아이들에게 자신이 생각하는 "교훈, 책망, 바르게 함, 의로 교육"의 예를 제시해 보라고 하십시오.

아이들에게 매주 하나님의 말씀을 어디에서 만나게 되는지 물어보십시오.

아이들에게 하나님의 말씀을 듣기 위해 왜 준비해야 하는지, 그리고 어떻게 준비해야 하는지를 물어보십시오.

다음은 우리가 하나님의 말씀으로 나아갈 때 취해야 할 몇몇 태도입니다.

기도하는 마음으로

• 말씀하시는 하나님께 감사하며

Notes

- 하나님이 말씀을 적용하도록 성령님을 주신 것을 기뻐하며
- 하나님이 가르쳐 주시고, 책망하시고, 바르게 해주시고, 우리를 훈련시키시기를 구하면서

경외심을 품고

- 하나님이 성경을 통해서 말씀하시는 분임을 기억하며

겸손하게

- 하나님이 일하시고 우리를 성화시키실 것을 기대하며
- 하나님이 자기 백성을 변화시키고 성숙하게 만들기를 원하신다는 사실에 감사하며

우리는 말씀 가운데 하나님을 만나기 위해 열심을 품어야 한다는 것, 하나님을 만나기 위해서는 공손히 성경을 읽어야만 한다는 것을 아이들이 이해하도록 도와주십시오. 우리는 하나님의 말씀을 들을 준비를 해야만 합니다. 우리는 하나님의 말씀을 듣기 전에 기도해야만 합니다. 그리고 하나님이 성령님을 통해 우리에게 말씀하시는 내용을 주의 깊게 듣기 위해 애써야 합니다.

하나님은 자기 백성들이 자신에게 영광 돌리려고 애쓰면서 변화되는 것을 보기 원하십니다. 우리가 하나님의 말씀을 잘 들을 때, 우리는 살아가는 방식으로 반응하게 됩니다.

아이들이 문42와 답을 기억하도록 도우면서 수업을 마치십시오.

이 내용은 단순히 수업 지도를 위한 것입니다. 가르치는 아이들과 상황에 따라 이 내용을 확장하거나 수정하십시오. 여러분의 말로 여러분의 이야기를 쓰십시오. 그리고 아이들에게 적절하게 응용할 만한 예화나 적용을 추가하십시오.

활동

아이들에게 붉은색 판지, 펜 또는 연필, 가위, 풀을 나눠 주십시오. 디모데후서 3장 16-17절 말씀을 프린트하여 준비하십시오.

아이들에게 붉은색 판지 두 장을 포개어 반으로 접게 하십시오. 그리고 나서 접힌 부분을 기준으로 하트 모양의 반을 그리게 하십시오. 선을 따라 오린 후 종이를 펼쳐 동일한 하트 모양이 두 개가 나오도록 하십시오. 하트 종이 하나를 뒤로 접어서 접힌 부분에 작은 구멍이 생기도록 잘라 주십시오. 그리고 하트 종이 가장자리에만 풀칠을 해서 두 하트 종이를 서로 붙이십시오.

디모데후서 3장 16-17절이 프린트된 종이를 나눠 주어 길게 접은 후 구멍을 통해서 집어 넣게 하십시오.

문42 | 하나님의 말씀을 어떻게 읽고 들어야 합니까?

Notes

아이들에게 이 하트 모양이 무엇을 상징한다고 생각하는지 물어보십시오. 알아내지 못하면 한 사람에게 시편 119편 11절 말씀을 찾아보게 합니다.

토론과 질문

아이들은 다음과 같은 질문을 할 수도 있습니다.

? 성경을 이해하지 못할 때는 어떻게 해야 합니까?

우선, 기도하며 성령님께 이해력을 달라고 간구해야 합니다. 그 후에는 목사님 또는 부모님과 같은 그리스도인들에게 그 성경 구절이 무엇을 의미하는지 물어도 좋습니다. 또한 우리가 성경을 이해할 수 있도록 돕기 위해 기록된 주석이라는 책이 많이 있습니다.

? 성경이 따분하다고 해도 되나요?

많은 사람이 성경은 따분하다고 생각합니다. 하지만 보통은 성경을 잘 몰라서 그렇습니다. 누군가 처음으로 야구나 축구 경기를 본다면 매우 따분할 것입니다. 뭘 하는지 모르기 때문입니다. 하지만 계속해서 경기를 보고 규칙을 익혀 나가면, 경기를 더욱 즐기게 될 것입니다.

지식이 자라나는 만큼 관심도 증가하는 것입니다. 성경이 따분하다고 느껴진다면 오히려 더 계속해서 읽으십시오. 성경을 더 잘 이해하게 되면 성경을 더욱 사랑하고 즐기게 될 것입니다.

다음 질문을 통해 아이들이 자신의 삶을, 그리고 이 교리문답이 각자에게 어떻게 영향을 줄지를 생각하도록 도와주십시오.

- 하나님의 말씀을 듣기 위해 어떻게 준비해야 하는지에 대해서 도전을 받았나요?
- 이번 문답을 통해 하나님의 말씀을 읽고 듣는 일에 다르게 접근하게 되었나요?
- 하나님이 자신의 삶에서 말씀을 통해 일하신다는 사실에 더욱 신이 나고 기대하게 되었나요?

덕목 찾기

희망

손에 성경을 드십시오.

아이들에게 자신 또는 친구들이 희망이 없다고 느껴진 적이 있었는지 물어보십시오. 아마도 운동 경기에서 정말로 잘하는 상대편을 만

69

Notes

났을 때 그랬을 것입니다. 어쩌면 공부를 하지 않은 어려운 시험을 볼 때 그러했을 것입니다. 또는 애완동물을 잃어버리고 찾을 수 있다는 모든 희망을 포기했을 때 그랬을 것입니다.

아이들에게 이러한 때에도, 하나님의 말씀이 우리의 희망을 회복시킬 것을 신뢰할 수 있다고 독려하십시오. 하나님의 말씀은 우리에게 어렵고 힘든 상황에서 어떤 구체적인 결과를 줄 것이라고 약속하지는 않습니다. 즉 하나님은 경기를 이길 것이고, 개가 집으로 무사히 돌아올 것이라고 약속하지는 않습니다. 하지만 말씀은 하나님이 모든 상황을 사용하셔서 자녀들의 선이 되게 하신다는 희망을 줍니다.

자원하여 로마서 8장 28절을 읽도록 하십시오. 로마서 8장 28절 말씀은 힘든 시간에도 어떻게 우리가 희망을 품도록 권면합니까?

암송 활동

아이들에게 암송 구절 또는 교리문답을 함께 크게 읽자고 하십시오. 그리고 아이들을 두 팀으로 나눈 후에, 성경 말씀 또는 교리문답을 번갈아 읽게 하십시오. 첫 번째 팀이 처음 단어를 말하면, 두 번째 팀이 그 다음 단어를 말하고, 다시 첫 번째 팀이 세 번째 단어를 말하는 방식으로 계속 진행하십시오. 몇 차례 말씀을 읽게 하면서 점점 빨라지도록 하십시오.

마치는 기도

아이들이 말씀을 주신 하나님께 감사하도록 독려하십시오. 그리고 집중해서 하나님의 말씀을 듣게 해달라고 기도하게 하십시오.

문43

성례 또는 규례는 무엇입니까?

답

세례와 성찬을 말합니다.

핵심 개념
성례란 하나님이 믿는 자들에게 영적인 도움이 되도록 자신의 교회를 위해 제정하신 것이다.

목적
성례가 무엇이며 왜 중요한지를 아이들이 이해할 수 있도록 돕는다.

성경 본문
마태복음 28장 16-20절, 누가복음 22장 14-23절

암송 구절
한 가지를 선택하십시오.

"또 떡을 가져 감사 기도 하시고 떼어 그들에게 주시며 이르시되 이것은 너희를 위하여 주는 내 몸이라 너희가 이를 행하여 나를 기념하라 하시고 저녁 먹은 후에 잔도 그와 같이 하여 이르시되 이 잔은 내 피로 세우는 새 언약이니 곧 너희를 위하여 붓는 것이라"(눅 22:19-20).

"그러므로 우리가 그의 죽으심과 합하여 세례를 받음으로 그와 함께 장사되었나니 이는 아버지의 영광으로 말미암아 그리스도를 죽은 자 가운데서 살리심과 같이 우리로 또한 새 생명 가운데서 행하게 하려 함이라"(롬 6:4).

핵심 덕목
경외

Notes

기억하십시오

문43은 교회의 성례를 생각해 보는 다섯 가지 질문 중 첫 번째입니다. 아이들은 세례와 성찬의 개념에는 친숙하지만, 믿는 자에게 성례가 어떤 의미가 있는지는 잘 이해하지 못했을 수 있습니다. 아이들이 이번 문답을 통해서 성례를 더 깊이 이해할 수 있다면 놀라운 일이 될 것입니다. 확실히 성례에 대해서 혼동되는 점과 의문점이 여럿 있을 것입니다. 따라서 아이들을 참여시키기 위해 이번 문답을 주의 깊게 다루는 것이 중요합니다.

이 교재는 다양한 개신교 교단과 전통 내에서 사용할 수 있도록 집필되었습니다. 그렇기 때문에 현재 다니고 있는 교회가 가르치는 내용을 뒷받침하는 방식으로 이번 문답을 제시하려면, 세례와 성찬에 대한 교회의 가르침에 대해서 목사님과 이야기를 나누는 것이 유익할 것입니다. 또한 「세례와 성찬」(Baptism and the Lord's Supper)을 참고해도 좋습니다.

수업을 계획하고 가르칠 때 기억할 것들

- 아이들은 성례에 대해 온갖 흥미로운 질문을 제기할 것입니다. 다양한 논의에 참여할 수 있도록 준비하십시오! 질문에 어떻게 대답할지 모른다면 정직하게 이야기하는 것도 괜찮습니다.
- 아이들이 세례식이나 성찬식을 관찰하고 참여할 수 있다면 (방해가 되지 않는 한) 좋을 것입니다. 이번 문답에 참여시키기 위해서는 아이들에게 직접 볼 수 있는 경험을 제공하는 것이 중요합니다.
- 인도자는 자신이 정한 시간 계획에 맞추어 이 문답에 있는 활동을 섞거나 수정할 수 있습니다 (학습 계획을 예시한 13쪽을 참조하십시오). 그 요소들을 모두 할 시간이 없을지도 모릅니다. 여러분이 가르치는 아이들의 강점과 약점에 따라 각 활동을 자유롭게 응용하십시오.

기도하십시오

전능하신 하나님, 위대한 자비로서 당신의 교회에 은혜의 수단으로 성례를 제정하심을 찬양합니다. 성례를 통해 제 신앙을 강하게 하시고 성숙하게 하시며, 주 예수님을 더욱 닮아가게 하시니 감사합니다. 이번 문답을 배우는 아이들에게 이해하는 마음을 허락해 주십시오. 하나님의 공급하심이 얼마나 선한지, 당신의 백성을 돌보심이 얼마나 아름다운지를 깨닫고 놀라게 해주십시오. 예수님의 이름으로 기도합니다. 아멘.

문43 | 성례 또는 규례는 무엇입니까?

Notes

준비하십시오
- "문43 교리문답 정리"(다운로드)
- 두 가지 색의 접착 메모지, 적어도 색깔별로 네 개씩
- 컵
- "문43 사진 단서"(자료집)
- 화이트 보드와 펜
- 성경책
- 초록색 나뭇잎과 색깔이 변한 나뭇잎 각각 한 개

교리문답 정리

"문43 교리문답 정리"(다운로드)를 프린트하여 자르십시오. 자른 종이를 컵에 넣으십시오. 화이트 보드에 접착 메모지 크기로 가로 세로 7×6 격자판을 그리십시오. 각 팀에게 같은 색 접착 메모지를 네 개씩 나눠 주십시오. 각 팀은 서로 다른 색의 접착 메모지를 가지고 있어야 합니다.

아이들을 몇 팀으로 나누십시오. 팀이 차례대로 질문을 뽑게 하십시오. 그리고 반드시 한 사람을 지목해서 대답하게 하십시오. 만약 바르게 답하면 격자판에 접착 메모지를 붙이게 하고, 질문 뽑는 순서를 다른 팀으로 넘기게 하십시오. 팀에서는 질문을 뽑을 때마다 지금까지 답을 하지 않은 팀원을 정해야 합니다.

이 게임의 목표는 일렬로 네 장의 접착 메모지를 붙이는 것입니다. 상대팀을 방어해도 됩니다! 질문에 바르게 답할 때마다 격자판에 접착 메모지를 붙이거나 이미 있던 것을 한 장 옮길 수 있습니다. 한 팀이 네 개의 접착 메모지를 일렬로 만들거나 질문을 다 뽑으면 게임은 끝납니다.

문43 소개

"문43 사진 단서"(자료집) 복사본을 준비하십시오. 단서들을 하나씩 자르십시오. 화이트 보드에 'ㅖ ㄹ ㅠ ㄱ'라고 쓰십시오.

이번 문답은 대단한 단어들을 몇 개 설명하면서 시작해야 합니다! 아이들에게 이번 문답은 대단한 단어 몇 개와 관련이 있는데, 설명을 해주기 전에 알아맞히면 좋겠다고 말해 주십시오.

아이들에게 그림을 보여 줄 때마다 무엇이 보이는지 이야기해 보라고 말해 주십시오. 아이들에게 그림을 순서대로 보여 주십시오. 그림은 부대(Sack), 숫양(Ram), 박하(Mints)입니다. 아이들이 이 그림들은 성례(sacraments)

Notes

와 관련 있음을 알아채는지 보십시오. 아이들이 잘 모르면 도와주십시오! 아이들에게 성례(sacraments)가 이번 문답에서 기억해야 할 첫 번째 단어라고 말해 주십시오.

아이들에게 화이트 보드에 있는 자음과 모음을 보여 주시고 두 번째 단어를 만들어 낼 것이라고 설명하십시오. 아이들에게 자음과 모음을 다시 조합하여 그 단어를 맞혀 보라고 하십시오. 이것은 어떤 단어를 거꾸로 표기한 것이라고 말해 주면서 힌트를 주십시오. 누가 알아맞혔으면 "규례(ordinance)"를 화이트 보드에 쓰고 아이들에게 이 단어가 이번 문답에서 두 번째로 중요한 단어라고 말해 주십시오.

문43을 읽어 주십시오. "성례 또는 규례는 무엇입니까?" 이 대단한 단어들은 교회에서, 즉 함께 모인 하나님의 백성들 사이에서 이뤄지는 것들을 묘사하는 것입니다. 어떤 교회는 성례(sacrament), 어떤 교회는 규례(ordinance)라는 단어를 사용합니다. 현재 다니고 있는 교회에서 사용하는 단어를 아이들에게 설명해 주십시오.

성례란 세례와 성찬입니다. 하나님은 이러한 성례를 통해 자기 백성에게 힘을 주시고 독려하십니다. 아이들에게 성례가 사람에게 믿음을 주는 것은 아니지만 하나님의 가족의 일원이라는 외적 표시라고 설명하십시오.

활동

이번 활동은 낭독하기입니다. 큰 목소리로 잘 읽을 수 있는 다섯 명의 자원자를 요청하십시오. 한 사람은 세례 요한, 한 사람은 예수님, 한 사람은 성부 하나님의 음성, 한 사람은 마태, 한 사람은 누가로 정해 주십시오.

이 다섯 명을 포함한 모든 아이에게 성경을 나눠 주십시오. 우선 마태복음 3장 13-17절을 펴게 하십시오. 요한 역을 맡은 아이는 요한이 한 말을 읽습니다. 예수님 역을 맡은 아이는 예수님의 대사를 읽습니다. 하나님의 음성을 맡은 아이에게는 모습이 보이지 않지만 목소리가 들리는 거리에서 읽으라고 하십시오. 마태 역을 맡은 아이는 인용문이 아닌 모든 구절을 읽게 하십시오.

본문을 다 읽었으면 아이들이 제자리로 돌아와 앉도록 합니다. 누가와 예수님 역을 맡은 아이에게는 누가복음 22장 14-20절 말씀을 펴게 하십시오. 누가 역을 맡은 아이는 모든 구절을 읽고, 예수님 역을 맡은 아이는 예수님이 말씀하시는 모든 내용을 읽게 하십시오. 일반적으로 중동에서 식사를 하듯이 예수님 역을 맡은 아이는 한 팔을 고인 채로 누워서 자기 부분을 읽어도 좋다고 말하십시오.

모두 다 읽으면 다른 아이들은 자원자들에게 큰 박수를 보내라고 하십시오.

문43 | 성례 또는 규례는 무엇입니까?

수업 개요

수업을 시작하면서 하나님께 도움을 구하십시오. 자신이 이번 문답을 신실하게 가르치게 해달라고, 아이들이 잘 듣게 해달라고 간구하십시오.

마태복음 28장 16-20절, 누가복음 22장 14-23절을 읽으십시오. 아이들이 말씀을 함께 읽을 수 있도록 성경을 준비하십시오.

"규례"란 규칙 또는 명령입니다. 아이들에게 많은 단체에 규례가 있다고 말해 주십시오. 예를 들면 스카우트 활동을 하려면 스카우트의 규례 또는 규칙을 지켜야 합니다. 아이들에게 규례가 있는 다른 모임이 있는지 생각해 보라고 하십시오.

아이들에게 다음 질문을 해보십시오. "누가 교회에 세례를 베풀고 성찬을 기념하라고 명령했습니까?" 다른 말로 하면, "누가 교회의 규례를 제정했습니까?"입니다. 바로 예수님입니다! 예수님은 자기 교회에 가서 세례를 베풀라고 명하셨고, 또한 자기 백성에게 자신을 기억하며 성찬을 기념하라고 하셨습니다. 아이들에게 성례란 인간이 만들어 낸 것이 아니라, 예수님이 교회를 위해 제정하신 것임을 강조하십시오.

아이들에게 성례란 이미 믿음을 지닌 자들을 위한 것이지, 성례가 믿음을 주는 것은 아니라는 점을 상기시키십시오.

아이들에게 왜 예수님이 성례를 제정하셨다고 생각하는지 물어보십시오. 그리스도인들을 바쁘게 만들기 위해서일까요? 아니면 그리스도인들이 깨끗함을 유지할 수 있도록 제정하신 걸까요?

하나님은 자기 백성이 때로는 계속해서 자신의 약속을 신뢰하고, 그리스도 안에서 성취하신 모든 것을 기억하기 어려워한다는 점을 아셨습니다. 하나님은 자비하셔서 예배하기 위해 모였을 때, 그리스도인들이 예수님에 대한 믿음을 굳건히 할 수 있는 규칙적인 방법을 제정하신 것입니다.

성례란 단순히 기억에 관한 것이 아닙니다. 그것은 눈에 보이는 형태를 띤 하나님의 말씀으로, 성령님이 이를 통해 믿음을 일구시고 기꺼이 순종하도록 독려하십니다. 성례는 사람들이 하나님을 더 확신하고 신뢰하도록 돕습니다. 성례는 하나님이 성령님을 통해 자기 백성을 성화시키는 두 가지 방식입니다.

아이들에게 세례 또는 성찬을 경험할 때 수반되는 다양한 감각들에 대해서 생각해 보라고 요청하십시오. 선포되어 귀로 들을 수 있는 말씀이 있고, 눈으로 볼 수 있는 표식이 있으며, 맛을 볼 수 있는 떡과 포도주가 있고, 피부로 느낄 수 있는 물로 씻어 냄이 있습니다. 아이들에게 성례가 그렇게 많은 감각을 수반하는 것이 의미 있다고 생각하는지 물어보십시오. 하나님은 우리가 성례의 의미를 다양한 감각을 통해 받아들일 때 더 쉽게 이해할 수 있다는 것을 아십니다.

아이들에게 앞으로 배울 문답에서 성례란 그리스도가 우리를 대신하여 죽으시고 부활하

Notes

신 것을 나타내는 표식이라는 사실을 배우게 될 것이라고 말해 주십시오. 우리는 반드시 그것이 가리키는 표식 너머를 볼 수 있어야 합니다. 우리가 세례와 성찬에는 열광하면서 그리스도가 우리 죄를 위해 죽었다는 사실은 전혀 깨닫지 못한다면, 성례라는 표식은 우리에게 아무런 소용이 없을 것입니다.

아이들이 교회에서 베푸는 성례의 의미를 바르게 이해하여 감사하는 마음을 품을 수 있도록 인도하십시오.

아이들이 문43과 답을 기억하도록 도우면서 수업을 마치십시오.

이 내용은 단순히 수업 지도를 위한 것입니다. 가르치는 아이들과 상황에 따라 이 내용을 확장하거나 수정하십시오. 여러분의 말로 여러분의 이야기를 쓰십시오. 그리고 아이들에게 적절하게 응용할 만한 예화나 적용을 추가하십시오.

---

⑩ 활동

목사님, 장로님, 또는 교회 중직자 한 분을 초대하여 성례에 대해 인터뷰를 진행하게 하십시오. 사전에 질문을 제공하십시오.

물어볼 수 있는 질문들:
1. 어떻게 그리스도인이 되셨나요?
2. 언제 처음으로 성례에 대해서 배우셨나요?
3. 교인들에게 왜 성례가 중요한가요?
4. 우리 교회는 세례 줄 사람을 어떻게 결정하나요?
5. 우리 교회는 성찬에 참여할 사람을 어떻게 결정하나요?
6. 하나님을 믿지 않는 사람들도 성례에 참여할 수 있나요?

---

⑤ 토론과 질문

아이들은 다음과 같은 질문을 할 수도 있습니다.

? 그리스도인이 아닌 사람이 성찬을 받아 먹어도 문제가 없나요?

성찬이란 가족이 나누는 식사로서, 그리스도 안에서 입양된 자들만 누릴 수 있는 것입니다. 성찬에 참여하고 싶은 사람이 있다면, 먼저 회개하고 복음을 믿기만 하면 얼마든지 참여할 수 있습니다.

? 떡과 포도주가 예수님의 실제 몸과 피가 되는 건가요?

그렇지 않습니다. 그리고 세례 때 일어나는

문43 | 성례 또는 규례는 무엇입니까?

일에 대해서는 다음 문답을 통해 배우게 될 것입니다.

다음 질문을 통해 아이들이 자신의 삶을, 그리고 이 교리문답이 각자에게 어떻게 영향을 줄지를 생각하도록 도와주십시오.

- 성례가 무엇인지 이해했나요?
- 왜 성례가 하나님의 교회에 중요할까요?
- 하나님이 베푸신 성례로 인해 하나님에 대한 경외감, 사랑, 감사가 커졌나요?

Notes

덕목 찾기

경외

초록색 나뭇잎과 색이 변한 나뭇잎을 준비하십시오. 실제 나뭇잎을 구하기 힘들다면 초록색 나뭇잎과 색이 변한 나뭇잎 그림을 사용해도 됩니다.

아이들에게 초록색 나뭇잎과 색이 변한 나뭇잎을 보여 주십시오. 아이들에게 계절이 변하면서 나뭇잎 색이 변하는 것을 느꼈는지 물어보십시오.

아이들에게 해마다 날이 차갑고 짧아지면 나뭇잎 색깔이 변한다고 말해 주십시오. 단풍잎은 무척 아름답기 때문에 사람들은 하나님의 놀라운 창조 세계에 대한 경외감과 놀라움을 느끼게 됩니다.

또한 우리는 아름다움으로 인해 경외감을 품을 뿐 아니라, 왜 나뭇잎이 색을 바꾸는지 그 이유를 알면 놀라게 됩니다. 아이들에게 어떤 화학물질이 나뭇잎을 초록색으로 만드는지 아느냐고 물어보십시오. 엽록소가 햇빛과 이산화탄소를 식물의 에너지로 변환시키며, 초록색도 내게 합니다. 하지만 나뭇잎에는 엽록소만 있는 것이 아닙니다. 당근에도 있는 카로틴 또는 엽황소라고 하는 화학물질이 나뭇잎에도 있는데 이것은 오렌지색을 내게 합니다.

날이 추워지면, 나뭇잎에 있는 엽록소가 파괴되면서 초록색이 사라집니다. 초록색이 없어지면, 내내 나뭇잎에 함께 있던 노란색, 오렌지색, 붉은색과 같은 다른 색깔을 볼 수 있게 됩니다. 녹색 색소에 가려져 있던 색들이 드러나는 것입니다.

마찬가지로 성례에 참석하는 것이 무언가 새로운 것을 창조해 내는 것은 아닙니다. 오히려 하나님이 우리 삶에 이미 이루신 일들을 드러나게 하는 것입니다. 계절의 변화가 언제나 나뭇잎에 함께 있던 노란색, 붉은색, 오렌지색을 볼 수 있게 하는 것처럼, 성례는 우리 삶에 언제나 함께 있는 하나님의 구원하신 은혜를 볼 수 있게 하는 것입니다. 정말 놀라운 일입니다!

Notes

암송 활동

아이들을 팀으로 나누어 암송 구절이나 교리 문답에 해당하는 몇몇 동작을 만들어 보도록 하십시오. 팀별로 다른 친구들에게 자신들의 동작을 보여 주게 하십시오. 모든 팀이 함께 암송구절을 외치게 하면서 마무리하십시오.

마치는 기도

성례를 통해 아이들이 구원의 의미를 더욱 잘 이해하고 기억하게 해달라고 구하십시오.

문44

세례는 무엇입니까?

답

세례란 아버지와 아들과 성령의 이름으로 물로 씻어 내는 것입니다.

핵심 개념
세례는 내적 현실, 즉 죄로부터 깨끗하게 씻겼음을 외적으로 나타내는 표식이다.

목적
아이들이 세례가 무엇인지 이해하도록 돕는다.

성경 본문
마태복음 28장 16–20절

암송 구절
"그러므로 너희는 가서 모든 민족을 제자로 삼아 아버지와 아들과 성령의 이름으로 세례를 베풀고"(마 28:19).

핵심 덕목
용서

Notes

기억하십시오

세례는 한 사람이 하나님의 가족이 되었음을 서명 날인하는 것입니다. 이는 소유권을 외적으로 드러내는 표식입니다. 이는 마치 한 사람이 하나님께 속하였음을 선포하는 왕의 인장과 같습니다. 아이들은 세례의 개념에 친숙할 것입니다. 세례를 받았든 받지 않았든, 가족 또는 교회 식구가 세례를 받는 모습을 봤을 것입니다. 이번 문답은 아이들이 세례의 의미와 그 중요성을 더 깊이 이해하도록 도울 것입니다. 이번 문답의 목적은 아이들이 세례라는 표식이 어떻게 성부, 성자, 성령의 이름으로 하나님의 자녀에게 적용되는지를 이해하도록 돕는 것입니다.

수업을 계획하고 가르칠 때 기억할 것들

- 세례에 관한 논의는 교파에 따라 차이가 있습니다. 아이들의 질문에 답할 준비를 하고 아이들이 혼란스러워하여도 참을성 있게 대해 주십시오.
- 아이들이 추상적인 개념을 구체적인 방식으로 이해할 수 있도록 계속 애쓰십시오.
- 아이들이 세례 의식을 직접 본다면 이 질문에 참여하는 데 수월할 것입니다.
- 인도자는 자신이 정한 시간 계획에 맞추어 이 문답에 있는 활동을 섞거나 수정할 수 있습니다(학습 계획을 예시한 13쪽을 참조하십시오). 그 요소들을 모두 할 시간이 없을지도 모릅니다. 여러분이 가르치는 아이들의 강점과 약점에 따라 각 활동을 자유롭게 응용하십시오.

기도하십시오

하나님 아버지, 예수님의 보배로운 피로 제 죄를 씻어 주심을 찬양합니다. 교회에 세례라는 성례를 제정하시고, 세상으로부터 제가 구원받았음을 눈에 보이도록 세례의 물로 나타내 주시니 감사합니다. 이번 문답을 배우는 아이들에게 이해하는 마음을 주십시오. 세례의 의미를 더욱 깊이 깨닫고 복음을 더욱 신뢰하게 하십시오. 예수님의 이름으로 기도합니다. 아멘.

준비하십시오

- 물놀이용 공
- 매직펜
- 결혼반지
- "문44 이 기호는 무슨 뜻입니까?"(자료집)
- "문44 사진들"(자료집)
- 커다란 종이 한 장

문44 | 세례는 무엇입니까?

교리문답 정리

물놀이용 공에 교리문답 문25에서 문40까지 중에서 질문 몇 개를 선택해서 적으십시오.

아이들을 원으로 모이게 하고, 물놀이용 공을 바닥에 떨어뜨리지 않는 것이 게임의 방법이라고 설명해 주십시오. 아이들 모두 참여하게 하고 공이 공중에 계속 떠 있도록 하십시오.

만약 공이 땅에 떨어지면, 누군가가 나와서 공에 있는 질문에 답해야 합니다. 그렇지 않으면 팀 전체가 벌칙을 받게 됩니다. 벌칙은 팔 벌려 뛰기 20회, 또는 팔 굽혀 펴기 5회, 또는 게걸음으로 교실 가로지르기처럼 재밌고 쉬운 동작으로 정하십시오.

문44 소개

결혼반지를 준비하십시오.

아이들에게 결혼반지를 보여 주고 무엇을 상징하는지 물어보십시오. 결혼반지는 남녀가 결혼하여 평생 함께하기로 약속하였음을 보여 주는 상징입니다.

한 아이에게 결혼반지를 약지에 끼워 주십시오(수업 전에 반지가 손가락에 맞는지 확인하십시오). 아이들에게 그저 반지만 끼우면 결혼한 것이 되는지를 물어보십시오. 물론 그렇지 않습니다. 반지란 그저 결혼을 했음을 보여 주는 표식에 불과하기 때문입니다. 반지가 사람을 결혼하게 만드는 것은 아닙니다.

문44를 읽어 주십시오. "세례는 무엇입니까?" 아이들에게 이번 문답을 통해서 세례라는 성례에 대해서 생각해 볼 수 있을 것이라고 말하십시오. 아이들에게 세례는 예수님이 자신의 교회에 제정하신 규례 중 하나임을 강조하십시오. 결혼반지와 마찬가지로 세례는 하나님의 가족이 되기로 약속했다는 표식입니다. 세례가 실제로 사람을 구원하는 것은 아닙니다. 하지만 이는 한 사람이 새롭게 탄생했고, 한 사람의 내면이 깨끗하게 씻기었다는 것을 외적으로 나타내는 중요한 표식입니다.

활동

"문44 이 기호는 무슨 뜻입니까?"(자료집)의 사진을 아이들에게 보여 주십시오.

• FBI 배지는 그 사람이 FBI 요원임을 가리킵니다.

• 보라색 하트 모양 메달은 누군가가 전투에서 다쳤거나 죽었음을 가리킵니다.

• "아이가 타고 있어요" 배지는 차 안에 아이

Notes

가 있음을 가리킵니다.
• 해골 표시는 독성이 있음을 가리킵니다.

아이들에게 보여 준 사진 중에서 그 의미를 아는 것이 있는지 물어보십시오. 이 사진들은 모두 그 표식의 소유자에 대해 무언가를 나타내는 표식입니다(배지, 메달 등). 아이들에게 각 표식이 소유자에 대해 무엇을 말하는지 설명해 보도록 하십시오.

FBI 배지가 그 사람을 FBI 요원으로 만들어 주는 것이 아니라는 점을 언급하십시오(그렇지 않다면 모든 사람이 인터넷에서 다 배지를 살 겁니다!). FBI 배지는 그 사람이 오랜 세월 나라를 섬기기 위해 굉장히 고된 훈련을 받았고 미국 정부가 그 사람을 뒤에서 보호한다는 뜻입니다.

아이들에게 군인 훈장을 받은 것 자체 때문에 훈장의 소유자가 용감한 군인이 되는 것인지 물어보십시오. 그렇지 않습니다. 훈장을 받을 만한 용기 있는 행동을 했기 때문에 받는 것입니다.

"아이가 타고 있어요" 배지가 아이를 갖게 하는 것은 아닙니다. 이는 상황을 드러내는 표식입니다.

마찬가지로 해골 표시 자체 때문에 무언가가 독성이 있게 되는 것은 아닙니다. 그저 병이나 상자 표면에 붙여서 그 안에 무엇이 있는지를 보여 주는 것입니다.

아이들에게 세례란 표식임을 설명해 주십시오. 세례란 하나님이 신실하셔서 예수님을 신뢰하고 하나님의 자녀로서 하나님의 영광을 위해 살아가는 자들의 죄를 용서하여 주신다는 사실을 세상에 선포하는 것입니다.

아이들에게 세례라는 외적 행위가 누군가를 구원하는 것이 아니라는 점을 확실히 전달하십시오.

🔵 수업 개요

수업을 시작하면서 하나님께 도움을 구하십시오. 자신이 이번 문답을 신실하게 가르치게 해 달라고, 아이들이 잘 듣게 해달라고 간구하십시오.

마태복음 28장 16-20절을 읽으십시오. 아이들이 말씀을 함께 읽을 수 있도록 성경을 준비하십시오.

아이들에게 이 본문이 마태복음의 가장 끝에 나온다는 사실을 알려 주며, 그 맥락을 전달해 주십시오. 이 사건은 예수님이 십자가에 달리신 직후, 또한 예수님이 하늘로 오르셔서 성부 하나님의 오른편에 앉기 전에 있던 일입니다. 바로 이때 예수님이 세례를 모든 믿는 자를 위한 표식으로 정하셨습니다. 성경의 이 지점까지 이미 다양한 사람이 세례를 받았습니다. 하지만 구원의 역사에서 바로 이 순간, 예수님은 자신이 죄를 용서하신다는 것을 믿는 모든 자에게 세례를 받으라고 명합니다.

문44 | 세례는 무엇입니까?

세례(baptize)라는 단어는 '담그다', '잠기다', 더 일반적으로는 '깨끗하게 한다'는 뜻이 있습니다. 이 단어는 누군가가 물 아래로 들어가는 것을 묘사하며, 깨끗하게 씻기어 새롭게 탄생됨을 뜻합니다. 아이들에게 바다나 풀장에서 수영하다가, 또는 상쾌한 빗줄기를 맞거나 샤워를 하면서 그런 경험을 한 적이 있는지 물어보십시오. 물은 옛 자아에 대하여 죽고, 그리스도 안에서 새로운 생명으로 떠오르는 것을 상징합니다.

세례는 그리스도인이란 그리스도와 연합한 자이며 성령님으로 인해 새롭게 되어 옛 방식에서 돌아선 사람임을 상징하는 것입니다.

아이들에게 세례라는 표식에는 하나의 메시지가 담겨 있음을 강조하십시오. 세례는 의로움이란 믿음으로만 의한 것이며, 물로 하는 세례로 누군가가 그리스도인으로 되는 것은 아니라는 사실을 보여 줍니다. 한 사람을 하나님의 공의로운 분노와 심판에서 구원할 수 있는 유일한 방법은 예수님이 십자가에서 우리를 대신하여 죽임당하신 것이며 이는 믿음으로 받는 것임을 아이들에게 새겨 주십시오.

아이들에게 예수님이 사람들에게 어떻게 세례를 받으라고 하셨는지를 물어보십시오. 세례는 성부, 성자, 성령, 즉 삼위일체 하나님 세 위격의 이름으로 주시는 것입니다. 성부, 성자, 성령의 이름으로 세례를 받는 것이 중요한 이유는 믿는 자의 삶에서 삼위일체 하나님의 각 위격이 맡으신 역할과 사역을 보여 주기 때문입니다.

세례를 받는 것은 구원이란 오직 그리스도를 믿는 믿음만을 통해 은혜로만 이루어지는 것임을 세상에 보여 주는 표식입니다. 구원이란 한 사람의 죄가 용서받으며 그가 하나님의 가족이 되는 것입니다.

아이들에게 이 말씀에는 모든 그리스도인에게 주어진 소명이 있음을 보여 주십시오. 이는 땅 끝까지 가서 예수님의 좋은 소식을 선포하고 성부와 성자와 성령의 이름으로 세례를 베푸는 것입니다. 하나님은 자신의 교회를 부르셔서 제자 삼으라고 하셨습니다. 이는 우리 모두에게 해당되는 명령입니다!

아이들이 문44와 답을 기억하도록 도우면서 수업을 마치십시오.

이 내용은 단순히 수업 지도를 위한 것입니다. 가르치는 아이들과 상황에 따라 이 내용을 확장하거나 수정하십시오. 여러분의 말로 여러분의 이야기를 쓰십시오. 그리고 아이들에게 적절하게 응용할 만한 예화나 적용을 추가하십시오.

Notes

활동

"문44 사진들"(자료집)을 준비하십시오..

아이들에게 실제 일어난 이야기를 들려줄 것이라고 말해 주십시오. 네이트 세인트 가족의 사진을 보여 주십시오.

네이트 세인트는 미국인 선교사로, 짐 엘리엇, 에드 맥컬리, 로저 유드리안, 피트 플레밍과 함께 에콰도르에 있는 와오다니 부족에게 가서 복음을 전하기 원했습니다. 와오다니 부족은 예수님에 대해 전혀 들어 보지 못한 자들이었기에 네이트 일행은 예수님의 명령, 즉 모든 민족으로 제자를 삼고 성부와 성자와 성령의 이름으로 세례를 베풀라는 명령을 완수하기 위해 그곳으로 갔습니다.

와오다니 부족은 외부인들과 거의 접촉하지 않은 채로 살고 있었습니다. 이 다섯 명의 선교사들은 와오다니어를 잘하지 못했습니다. 하지만 친근한 몸짓을 통해 그들을 알아가려고 애썼습니다. 선교사들은 자신들이 잘하고 있다고 생각했습니다. 하지만 충격적이게도 와오다니 부족은 쿠라레이 강변에서 그들을 창으로 죽이고 말았습니다.

하지만 이야기는 여기에서 끝이 아닙니다! 네이트 세인트의 누이인 레이첼과, 짐 엘리엇의 부인인 엘리자베스 엘리엇이 와오다니 부족에게 다시 찾아가 그들과 함께 살았습니다. 시간이 흘러, 와오다니 부족 중 많은 사람이 그리스도인이 되었습니다. 특히 선교사들을 죽인 키모와 드유위는 자신들의 죄를 회개하고 예수님의 이름으로 용서받아 그리스도인이 되었습니다. 이 이야기는 용서와 복음의 능력을 입증하는 아름다운 간증입니다.

몇 년이 지난 후에, 네이트 세인트의 두 자녀인 케이시와 스티브는 자신들의 아버지가 죽임 당한 바로 그 강에서 세례를 받았습니다. 그들은 자신의 아버지를 죽인 두 사람, 키모와 드유위에게 세례를 받았습니다. 스티브와 케이시는 자신들도 죄인이며 용서가 필요한 존재임을 알았습니다. 아버지를 죽인 자들에게 세례를 요청함으로써, 예수님의 피로 깨끗하게 씻기지 않는 죄가 없다는 사실을 입증한 것입니다.

토론과 질문

아이들은 다음과 같은 질문을 할 수도 있습니다.

? 누군가가 그리스도인인데 세례를 받지 않았다면, 그 사람도 죽은 후에 천국에 가요?

그렇습니다! 세례는 구원하는 것이 아니라, 구원의 표식에 불과합니다. 모든 그리스도인은 세례를 받고자 해야 하지만, 외적인 표식을 받지 못했다고 해서 내적 실체가 사라지는 것은 아닙니다.

문44 | 세례는 무엇입니까?

Notes

? 그러면 왜 세례를 받아야 하나요?
세례를 받아야 하는 가장 중요한 이유는 예수님이 자신의 제자들은 세례를 받아야 한다고 말씀하셨기 때문입니다.

다음 질문을 통해 아이들이 자신의 삶을, 그리고 이 교리문답이 각자에게 어떻게 영향을 줄지를 생각하도록 도와주십시오.

- 세례가 표식이며 세례 자체가 누군가를 구원하는 것은 아니라는 점을 이해했나요?
- 여러분도 기꺼이 나가서 제자를 삼을 것인가요?
- 그리스도인이 아닌 친구들에게 세례를 어떻게 설명할 것인가요?

덕목 찾기
용서

아이들에게 네이트 세인트 선교사 이야기를 곰곰이 생각해 보라고 하십시오. 그리고 그 가족처럼 용서할 수 있다고 생각하는지 물어보십시오.

아이들에게 이 이야기의 어떤 부분에서 죽임 당한 선교사의 가족들이 와오다니 부족을 용서하였음을 보여 주는지 물어보십시오. 레이첼 세인트와 엘리자베스 엘리엇은 복음을 나누기 위해 와오다니 부족에게 돌아가서 살았고, 스티브 세인트와 케이시 세인트는 자신

의 아버지를 죽인 자들에게 세례를 받기로 했습니다.

왜 스티브와 케이시는 선교사의 자녀로 자랐는데도 세례를 받아야 하는지 물어보십시오 (우리는 모두 죄인이고, 하나님께 용서를 받아야 합니다).

주기도문에서 용서를 다루는 부분을 기억하는 아이가 있는지 물어보십시오. 아이들에게 스티브와 케이시가 세례를 받는 것이 "우리가 우리에게 죄 지은 자를 사하여 준 것같이 우리 죄를 사하여 주시옵고"라는 주기도문 내용을 잘 나타내는 예라고 생각하는지 물어보십시오.

암송 활동

암송 구절 또는 교리문답을 띄어쓰기 없이 큰 종이에 적으십시오.

암송 구절 또는 교리문답을 큰 목소리로 아이들에게 읽어 주십시오. 그리고 띄어쓰기를 해야 한다고 생각하는 부분에 줄을 그으라고 하십시오. 아이들이 암송 구절 또는 교리문답을 몇 차례 읽게 하고 따로 읽고 싶은 사람이 있는지 물어보십시오.

Notes

⑤ 마치는 기도

사람들을 용서하시고 사망에서 생명으로 이끌어 내어 구원하셨음을 보여 주는 아름다운 표식으로 세례라는 성례를 주신 하나님께 감사하는 기도를 하십시오.

문45

물 세례가
죄를 씻어 줍니까?

답

그렇지 않습니다.
오직 그리스도의 피만이 우리를 죄에서 씻어 줍니다.

핵심 개념
오직 예수님의 피가 우리를 구원한다.

목적
구원은 그리스도 안에서만 있는 것이지 세례를 통한 것이 아님을 아이들이 이해하도록 돕는다.

성경 본문
누가복음 3장 15-22절

암송 구절
"요한이 모든 사람에게 대답하여 이르되 나는 물로 너희에게 세례를 베풀거니와 나보다 능력이 많으신 이가 오시나니 나는 그의 신발끈을 풀기도 감당하지 못하겠노라 그는 성령과 불로 너희에게 세례를 베푸실 것이요"(눅 3:16).

핵심 덕목
정직

Notes

기억하십시오

아이들은 행위에 근거한 신학적 사고에 빠지기 쉽습니다. 즉 무언가를 해야만 구원을 유지할 수 있다고 잘못 믿는 것입니다. 따라서 구원이란 하나님이 값없이 주시는 선물이며 구원을 이루기 위해 자신들이 할 수 있는 것은 아무것도 없다는 사실을 계속해서 새겨 주어야 합니다. 이번 문답의 목적은 사람들을 죄에서 씻기는 것은 오직 예수님의 피이며, 물 세례는 단지 내적인 씻김을 상징하는 것임을 분명하게 설명하는 것입니다. 이번 문답을 통해 아이들은 세례를 더욱 깊이 탐구하고 이해할 수 있을 것입니다.

수업을 계획하고 가르칠 때 기억할 것들

- 교회마다 세례와 그 연령에 대해 다른 방침이 있습니다. 이번 문답은 어떤 상황에서도 사용할 수 있도록 고안되었지만, 각 교회가 지닌 세례 방침에 따라 그 내용을 조정하고 분명하게 설명한다면 더욱 설득력이 있을 것입니다.
- 단순하게 문43과 문44를 반복하기보다는 이전 문답의 내용을 기초로 더 깊은 내용을 다룰 수 있도록 노력하십시오.
- 인도자는 자신이 정한 시간 계획에 맞추어 이 문답에 있는 활동을 섞거나 수정할 수 있습니다(학습 계획을 예시한 13쪽을 참조하십시오). 그 요소들을 모두 할 시간이 없을지도 모릅니다. 여러분이 가르치는 아이들의 강점과 약점에 따라 각 활동을 자유롭게 응용하십시오.

기도하십시오

구원을 베푸시는 하나님, 구원은 예수 그리스도의 구원의 피를 믿는 믿음으로 임한다는 사실을 압니다. 저를 당신의 십자가 희생 죽음으로 깨끗하게 하시니 감사합니다. 그 깨끗하게 하심을 기억하게 하는 성례를 주시니 감사합니다. 성례를 의지하지 않고, 그 성례를 즐거워하도록 도와주십시오. 이번 문답을 배우는 아이들에게 이해하는 마음을 주십시오. 예수님의 피가 죄인들을 깨끗하게 하며 세례의 물은 내적인 변화를 상징하는 것임을 분명히 이해하게 해주십시오. 예수님의 이름으로 기도합니다. 아멘.

준비하십시오

- 탁구공
- 가방 또는 상자
- 화이트 보드
- 검은색 유성펜

문45 | 물 세례가 죄를 씻어 줍니까?

- 빨간색 수성펜
- 물
- 휴지
- 도가니 그림
- 색인 카드

Notes

교리문답 정리

탁구공에 지금까지 가르친 교리문답의 번호를 적고 가방 또는 상자에 담으십시오. 여유가 된다면, 케이지 빙고나 빙고 블로워를 구입하거나 직접 만드십시오. 더 재미있을 것입니다.

아이들을 두 팀으로 나누고 이미 배운 교리문답을 기억해 내는 게임을 할 것이라고 설명해 주십시오. 각 팀은 상대팀을 위해 공을 뽑습니다. 상대팀이 그 번호와 맞게 질문과 대답을 기억해 내면 2점을 받습니다. 더 많은 점수를 얻는 팀이 우승합니다. 기억하십시오! 이 게임은 재미와 참여도를 높이기 위한 활동입니다!

문45 소개

화이트 보드, 검은색 유성펜, 빨간색 수성펜, 물, 휴지가 필요합니다. 수업을 시작하기 전에 검은색 유성펜으로 화이트 보드에 하트 모양을 그리십시오. 하트 안에 검은색 유성펜으로 **죄**라고 씁니다.

화이트 보드에 그려져 있는 하트에 아이들이 관심을 보이도록 하십시오. 그리고 이제 물로 죄를 지워 보겠다고 말해 주십시오. 유성펜은 물로 지워지지 않을 것입니다. 아이들에게 이번 질문은 물로 하는 세례가 죄를 깨끗이 씻어 내는지를 생각해 보는 것이라고 강조하십시오. 아이들에게 물로 하는 세례는 죄를 처리할 수 없다는 점을 설명하십시오.

죄라는 단어를 빨간색 수성펜으로 덧칠한 후에 예수 그리스도의 피만이 사람들을 죄에서 깨끗하게 하신다고 설명하십시오. 이제 **죄**라고 쓴 단어는 휴지로도 닦아 낼 수 있습니다. 이는 주 예수 그리스도의 피가 아닌, 세례의 물은 사람들이 지은 죄를 깨끗하게 하지 못한다는 사실을 분명하게 보여 줍니다.

문45를 읽어 주십시오. "물 세례가 죄를 씻어 줍니까?" 아이들에게 이번 문답은 세례라는 성례가 무엇인지 곰곰이 생각해 보는 기회가 될 것이라고 설명하십시오.

Notes

🔟 활동

이번 활동은 단어 연상 게임입니다. 게임의 규칙은 아이들이 바로 앞의 단어와 직접적으로 연관된 단어를 말하는 것입니다. 머뭇거리거나 한 번 나온 단어를 반복하면 안 됩니다. 새로운 단어를 말하지 못하면 그 아이는 자리에 앉도록 하고 다른 아이가 이어서 하게 하십시오. 시간이 허락하는 만큼 게임을 계속 진행합니다.

두 아이를 불러 게임을 시작하십시오. 한 아이에게 시작할 단어를 제시하십시오. 아래 단어들은 반드시 포함하십시오. (머뭇거리거나 반복해서) 참여하는 아이들이 바뀔 때마다 새로운 단어(아직 말하지 않은 단어)로 시작하십시오.

- 세례
- 물
- 예수님
- 죄
- 용서
- 씻김
- 표식

이 게임을 통해 세례와 관련된 단어를 많이 떠올려 보고, 문43과 문44와 관련해서 무엇을 배웠는지 생각해 볼 수 있기를 바랍니다.

⏰ 수업 개요

수업을 시작하면서 하나님께 도움을 구하십시오. 자신이 이번 문답을 신실하게 가르치게 해 달라고, 아이들이 잘 듣게 해달라고 간구하십시오.

누가복음 3장 15-22절을 읽으십시오. 아이들이 말씀을 함께 읽을 수 있도록 성경을 준비하십시오.

이 본문에서 세례 요한은 자신이 예수님의 길을 준비하는 사람이라고 말하고 있습니다. 세례 요한은 회개를 선포하고 사람들에게 세례를 베풀었습니다. 아이들이 16절 말씀에 관심을 갖도록 도와주십시오. 그리고 이 구절에서 놀란 점이 있는지 물어보십시오. 요한은 자신이 물로 세례를 베풀지만, 오실 분은 성령과 불로 세례를 베푸실 것이라고 말합니다. 요한은 한 사람이 회개하며 믿음으로 예수님을 의지할 때 죄가 씻겨 나가는 것을 언급하고 있습니다. 아이들에게 바로 그 순간 성령님이 사람들의 마음에 거하시며 죄에서 깨끗하게 씻기시고, 그리스도 안에서 새 생명을 주신다는 점을 새겨 주십시오.

요한은 깨끗하게 하는 것이 물이 아니라, 성령님의 힘을 통한 예수님의 보혈임을 분명히 선포합니다.

누가복음 23장 39-43절을 읽으십시오.

십자가에서 예수님 옆에 있던 강도는 예수님을 믿는 자신의 믿음을 선포합니다. 그러자 예수님은 이렇게 말씀하시며 그의 구원을 확언하셨습니다. "내가 진실로 네게 이르노니 오늘 네가 나와 함께 낙원에 있으리라"(43절). 그

문45 | 물 세례가 죄를 씻어 줍니까?

Notes

강도는 세례를 받지 않았지만, 예수님이 그의 믿음을 확인해 주셨습니다. 예수님은 세례를 자신의 교회에서 모든 믿는 자가 지켜야 하는 전형적인 경험으로 제정하셨지만 세례가 구원에 반드시 필요한 것은 아닙니다.

아이들이 문45와 답을 기억하도록 도우면서 수업을 마치십시오.

이 내용은 단순히 수업 지도를 위한 것입니다. 가르치는 아이들과 상황에 따라 이 내용을 확장하거나 수정하십시오. 여러분의 말로 여러분의 이야기를 쓰십시오. 그리고 아이들에게 적절하게 응용할 만한 예화나 적용을 추가하십시오.

활동

아이들을 몇 개의 팀으로 나누십시오. 그리고 팀별로 세례의 의미를 이해할 수 있는 단막극을 만들어 보게 하십시오. 각 팀에게 다음과 같이 서로 다른 상황을 제시하십시오.

- 학교 점심식사 시간에 세례에 대해 전혀 들어본 적 없는 아이와 이야기를 나누고 있다.
- 누군가가 임종 직전에 그리스도인이 되었는데 세례에 대해 물어본다.
- 죄를 범할 때마다 세례를 다시 받아야 한다고 생각하는 사람과 대화를 나눈다.

시간이 허락된다면, 아이들이 만든 단막극을 발표하게 해보십시오.

토론과 질문

아이들은 다음과 같은 질문을 할 수도 있습니다.

? 세례 받지 않은 사람도 구원받을 수 있나요?

당연히 그렇습니다! 세례란 한 사람의 마음에 일어나는 일의 외적 표식입니다. 예수님은 그리스도인들이 반드시 세례를 받도록 정하셨지만, 불가피하게 세례를 받지 못하더라도 구원을 받습니다.

? 세례는 공적으로 해야만 합니까?

세례란 교회 식구들 앞에서 이루어지는 공적인 선포입니다. 세례 의식은 교회에 큰 격려가 됩니다. 또한 교회 공동체는 자신의 신앙을 고백하고 교회의 식구가 되기로 공언한 사람들을 지지할 수 있습니다.

다음 질문을 통해 아이들이 자신의 삶을, 그리고 이 교리문답이 각자에게 어떻게 영향을 줄지를 생각하도록 도와주십시오.

Notes

- 세례에 대해서 아직 정리되지 않은 점이 있나요?
- 세례의 물이 구원을 가져온다고 믿는 사람들에게 어떻게 이야기할 것인가요?

덕목 찾기

정직

도가니(금속을 녹일 수 있는 항아리) 그림을 준비하십시오.

아이들에게 오늘 성경 말씀은 우리가 "성령과 불로 세례를 받을 것"이라고 말한다는 점을 상기시키십시오. 아이들에게 불로 세례를 받는다는 것이 무엇이라고 생각하는지 물어보십시오.

이번 시간에는 불이 지니는 특징, 즉 무언가를 제련하고 정화하는 특징을 생각해 볼 수 있습니다. 보통 우리는 불이라고 하면 무언가를 파괴하는 것으로 생각하지만 꼭 그런 것만은 아닙니다. 금과 같이 땅에서 채취한 귀한 금속의 경우, 제거해야 할 불순물들이 있습니다. 이러한 불순물을 제거하는 최고의 방법은 금 원석을 도가니에 넣어서 뜨거운 불로 녹이는 것입니다*(도가니 그림을 보여 주십시오)*. 불순물들은 금에서 분리되어 순전한 금만 남게 됩니다. 다른 말로 하면, 불이 참된 금과 참되지 않은 금을 분리하는 것입니다.

아이들에게 성령님은 우리 삶에서 같은 일을 하시며, 세례란 그 과정의 표식이라고 말해 주십시오. 불이 참된 금을 분리해 내듯이, 성령님은 우리로 하여금 우리의 삶에서 진리를 알고 모든 거짓을 제거하도록 도우십니다. 성령님은 우리를 도우셔서 정직하고 온전하게 만드십니다. 때로 우리는 삶 가운데 거짓말들을 전혀 알아차리지 못할 때도 있습니다. 그래서 우리는 타고난 성격은 어떻게 할 수 없다거나 하나님의 도움 없이도 선할 수 있다고 하는 거짓말들을 믿으며 살아가는 것입니다. 우리는 심지어 다른 사람들에게 이러한 거짓말을 하기도 할 것입니다. 하지만 우리가 하나님의 은혜로 구원을 받으면*(이는 세례로 입증됩니다)* 하나님은 이러한 거짓말을 깨끗이 씻겨 내기 시작하십니다. 심지어 불과 같이 느껴지는 어려운 상황을 사용하셔서 우리에게 진리를 보여 주기도 하시며, 결국에는 참과 참이 아닌 것을 알게 하십니다.

문45 | 물 세례가 죄를 씻어 줍니까?

암송 활동

색인 카드에 암송 구절 또는 교리문답의 단어를 하나씩 적으십시오. 팀별로 암송 구절 또는 교리문답이 단어별로 온전하게 작성된 세트를 하나씩 나눠 주십시오.

아이들을 몇 팀으로 나누십시오. 암송 구절 또는 교리문답을 큰 목소리로 아이들에게 읽어 주십시오. 다시 한 번 읽어 줄 때 몇 단어씩 따라 읽게 하시십시오. 그 다음 또다시 읽어 줄 때 전체 구절을 따라 읽게 하십시오.

암송 구절 세트를 각 팀에 나눠 주십시오. 반드시 단어는 순서대로 되어 있지 않게 해야 합니다! 아이들이 단어들을 바른 순서로 조합하도록 하십시오. 먼저 마무리하는 팀이 우승합니다. 마지막으로 암송 구절을 다 같이 연습해 보십시오.

마치는 기도

아이들이 예수 그리스도의 구원의 능력을 완전히 확신할 수 있도록 기도하십시오.

Notes

인도자 가이드 3

성령 하나님
회복
성화

문46

성찬은 무엇입니까?

답

그리스도께서는 모든 그리스도인에게 자신을 감사함으로 기억하며 떡을 떼고 잔을 나누라고 하셨습니다.

핵심 개념
성찬의 목적은 하나님의 백성이 감사하며 기억하도록 하는 것이다.

목적
예수님이 성찬을 제정하셔서 십자가 죽음으로 성취하신 모든 것을 그리스도인들이 기억하게 하셨음을 아이들이 이해하도록 돕는다.

성경 본문
고린도전서 11장 17-34절

암송 구절
"내가 너희에게 전한 것은 주께 받은 것이니 곧 주 예수께서 잡히시던 밤에 떡을 가지사 축사하시고 떼어 이르시되 이것은 너희를 위하는 내 몸이니 이것을 행하여 나를 기념하라 하시고 식후에 또한 그와 같이 잔을 가지시고 이르시되 이 잔은 내 피로 세운 새 언약이니 이것을 행하여 마실 때마다 나를 기념하라 하셨으니 너희가 이 떡을 먹으며 이 잔을 마실 때마다 주의 죽으심을 그가 오실 때까지 전하는 것이니라"(고전 11:23-26).

핵심 덕목
겸손

Notes

기억하십시오

성찬은 아이들에게 가르치기 쉽지 않습니다. 더욱이 조금은 추상적일 수도 있습니다. 특히 성찬을 보기는 했지만 참여하지 않았다면 더욱 그렇습니다. 이번 문답은 성찬의 목적과 성찬이 교회에서 성례로 제정된 이유를 설명할 것입니다. 아이들은 성경 이야기의 맥락에서 성찬을 이해하고, 옛 언약과 새 언약의 차이를 깨닫게 될 것입니다. 이번 문답을 통해 아이들이 성찬에 감사하는 마음을 갖게 될 것입니다.

수업을 계획하고 가르칠 때 기억할 것들

- 보통 성찬 예식과 그 의미는 많은 아이에게 관념적으로 여겨질 수 있습니다. 아이들에게 이 성례에 대해 가르치며, 오해하고 있는 내용을 바로잡아 줄 때 인내심을 발휘하십시오.
- 성찬에 적극적으로 참여하기 원하는 아이들에게 어느 정도 불만이 있을 수 있다는 점을 의식하십시오. 아이들이 교회의 리더십을 이해하고 존경할 수 있도록 도우십시오. 이번 문답을 가르치는 동안 인도자와 아이들이 속한 교회가 집례하는 방식을 지지해야 한다는 점을 분명히 하십시오.
- 인도자는 자신이 정한 시간 계획에 맞추어 이 문답에 있는 활동을 섞거나 수정할 수 있습니다(학습 계획을 예시한 13쪽을 참조하십시오). 그 요소들을 모두 할 시간이 없을지도 모릅니다. 여러분이 가르치는 아이들의 강점과 약점에 따라 각 활동을 자유롭게 응용하십시오.

기도하십시오

은혜로우신 하나님, 성찬을 제정해 주셔서 그리스도와 연합되었음을 기억하고 믿음을 북돋아 주시니 감사합니다. 우리를 새로운 언약에 참여하게 하시고 예수님의 피가 우리를 덮어 주심을 신뢰하게 하시니 감사합니다. 이번 문답을 배우는 아이들에게 이해하는 마음을 주십시오. 이번 문답이 그들에게 의미가 있게 하시고, 그들이 영감을 얻게 하십시오. 그리고 성찬 예식을 이해하는 것 자체를 즐거워하게 하십시오. 예수님의 이름으로 기도합니다. 아멘.

준비하십시오

- "문47 교리문답 정리"(다운로드)
- 젠가
- 테이프
- 수건
- 쟁반
- 와인 또는 포도 주스

- 빵
- 천
- 접시 또는 성찬기
- 성찬용 컵
- 성경책
- 〈어린양을 보라(Behold the Lamb)〉 음원(케이스와 크리스틴 게티, 스튜어트 타운드)
- 종이
- 사인펜
- 색연필

교리문답 정리

"문47 교리문답 정리"(다운로드)를 프린트하여 자르십시오. 앞서 다룬 교리문답 중 몇 개를 선택하여 젠가에 테이프로 붙이고 젠가 탑을 쌓으십시오(모든 젠가에 교리문답을 붙일 필요는 없습니다).

아이들을 몇 팀으로 나누십시오. 각 팀에서 한 명씩 나와 차례대로 젠가 탑으로 가서 젠가를 하나씩 제거하게 하십시오(제거한 젠가를 다시 위에 쌓지는 마십시오. 한 번 제거한 젠가는 옆에 두게 하십시오). 제거한 젠가에 질문이 붙어 있다면 그 아이가 직접 대답하거나 자기 팀이 대답하도록 넘깁니다. 팀도 바르게 답하지 못하면 다른 팀이 답할 수 있습니다. 정답을 말한 팀이 젠가를 가져가게 하십시오. 탑이 넘어질 때 젠가를 가장 많이 가지고 있는 팀이 우승합니다.

문46 소개

아이들에게 예수님은 생애 마지막 주간에 유월절 식사를 하셨다고 설명해 주십시오. 유월절 식사는 유대인들이 모세 때부터 지금까지 해마다 지키는 특별한 식사입니다.

아이들에게 출애굽기 12장에 나오는 첫 유월절의 이야기를 알고 있는지 물어보십시오. 아마 아이들은 이 이야기를 알고 있을 것입니다. 한 명을 지정해서 이야기해 보도록 하십시오. 장자의 죽음, 양의 피를 문설주에 바른 것, 누룩을 넣지 않은 떡에 대한 이야기가 나오게 하십시오.

해마다 유대인 가족은 유월절을 지키면서 희생 제물로 바쳐진 어린양의 피가 어떻게 자신들을 죽음에서 지켜 주었는지를 기억했습니다. 예수님과 제자들도 유대인이었기 때문에 유월절 식사를 함께한 것입니다. 하지만 예수님은 이 식사가 단지 오래전에 애굽에서 희생된 어린양만을 나타내는 것이 아님을 깨닫게 하셨습니다. 이는 또한 예수님 자신, 즉 이 세상의 죄를 없애신 하나님의 어린양을 나타냈던 것입니다.

예수님은 제자들에게 자신이 죽은 후에, 함

Notes

께 떡을 떼고 포도주를 마시며 자신의 죽음을 기억하라고 말씀하셨습니다. 유대인은 유월절을 지내면서 자신들이 애굽에서 구원받았음을 기억합니다. 그리고 그리스도인들은 성찬으로 죄와 사망에서 구원받았음을 기억합니다.

문46을 읽어 주십시오. "성찬은 무엇입니까?" 아이들에게 교회는 지금도 함께 빵을 먹고 포도주를 마시며 예수님이 자기 백성을 위해 목숨을 내어 놓으셨으며 자신을 신뢰하는 자들을 예수님의 피로 덮어 주셨음을 기억한다고 설명해 주십시오.

활동

성찬에 사용되는 물품들을 모아 놓으십시오. 현재 소속된 교회에서 보통 사용하는 물품들을 고르십시오.

- 와인 또는 포도 주스
- 빵
- 천
- 접시 또는 성찬기
- 성찬용 컵
- 성경

모든 물품을 쟁반에 놓으십시오.

아이들에게 나와서 5초 동안 탁자 위에 있는 물품들을 보게 하십시오. 그리고 수건으로 빠르게 덮으십시오.

아이들에게 기억나는 대로 말해 보라고 하십시오.

다시 한 번 수건을 들추고 아이들이 몇 가지 물품을 기억했는지 확인하십시오. 아이들에게 이것은 기억력 훈련이며 성찬 역시 기억력 훈련을 위해 정해진 것이라고 말해 주십시오. 즉 예수님의 죽음을 기억하는 것입니다.

수업 개요

수업을 시작하면서 하나님께 도움을 구하십시오. 자신이 이번 문답을 신실하게 가르치게 해달라고, 아이들이 잘 듣게 해달라고 간구하십시오.

수업을 시작하면서 아이들에게 성례란 표식에 불과하다는 점을 새겨 주십시오.

고린도전서 11장 17-34절을 읽으십시오. 아이들이 말씀을 함께 읽을 수 있도록 성경을 준비하십시오.

사도 바울은 이 편지를 고린도 도시에 있는 그리스도인에게 쓰고 있습니다. 이 구절을 보면 그리스도인들이 모여 성찬을 기념할 때 문제가 있었던 것 같습니다. 바울은 몇몇 그리스도인들이 다른 사람보다 앞서 먹었다는 점을 책망합니다. 바울은 성찬은 하나님의 가족으로서 함께 먹어야 하는 것이라고 말합니다.

23절에서 바울은 고린도의 그리스도인들에게 성찬이 무엇인지를 일깨워 주기 시작합니다. 바울은 성찬이라는 전통이 주님 자신에게서 나온 것으로, 예수님이 자신의 교회를 위해 제정해 주신 것임을 분명히 선포하고 있습니다. 이 구절에서 바울은 예수님이 돌아가시기 전날 밤에 제자들과 함께 지킨 유월절 식사의 세부적인 내용을 말합니다.

아이들에게 23-25절에서 그때 있었던 일을 자세하게 살펴보라고 하십시오. 아이들에게 이해되지 않는 점이 있는지 물어보십시오.

바로 이 식사 때, 예수님은 제자들에게 자신이 죽을 때 어떤 일이 벌어질 것인지 설명해 주셨습니다. 그의 몸은 떼어질 것이며, 그의 피는 흘려질 것입니다. 예수님은 단지 제자들을 가르치기 위해서만 식사를 하신 것이 아니라, 자신이 다시 올 때까지 교회가 자신을 기억할 수 있도록 돕는 하나의 예식을 제정하신 것입니다.

예수님은 떡을 떼고 포도주를 마시는 것을 새 언약의 표식으로 삼으셨습니다. 또한 새 언약이란 새로운 합의를 의미입니다. 새 언약은 하나님이 인류와 맺으신 약속으로서 하나님이 죄를 용서하시고 마음을 돌이켜 자신에게로 향하는 모든 자와 친구가 되겠다고 선포하신 것입니다. 예수 그리스도는 새 언약의 중보자로서 십자가 죽음이 이 약속의 근거가 됩니다.

유월절은 유대인들이 어떻게 자신들이 어린 양의 피로 구원을 받는지 기억하도록 돕는 역할을 합니다. 성찬은 그리스도인들이 예수님의 피로 구원받았음을 기억하도록 돕는 역할을 합니다.

따라서 바울은 사람들이 예수님의 죽으심을 기억하도록 함께 떡을 떼고 잔을 마시며, 새 언약을 떠올리게 한 것입니다.

하나님의 백성은 예수님, 그리고 예수님의 대속 죽음을 기억하기 위해 계속해서 함께 성찬을 지키는 자들입니다.

아이들이 문46과 답을 기억하도록 도우면서 수업을 마치십시오.

이 내용은 단순히 수업 지도를 위한 것입니다. 가르치는 아이들과 상황에 따라 이 내용을 확장하거나 수정하십시오. 여러분의 말로 여러분의 이야기를 쓰십시오. 그리고 아이들에게 적절하게 응용할 만한 예화나 적용을 추가하십시오.

Notes

활동

〈어린양을 보라(Behold the Lamb)〉(케이스와 크리스틴 게티, 스튜어트 타운드) 찬양을 들려줄 준비를 하십시오. 아이들에게 사인펜이나 색연필과 함께 종이를 한 장씩 나눠 주십시오.

〈어린양을 보라〉 음원을 아이들에게 들려주십시오. 아이들에게 유월절과 성찬을 상징하는 그림을 자유롭게 그려 보라고 하십시오. 특히 가사 중에 잘 들리는 단어를 그림으로 그려 보게 하십시오.

조용하게 집중하여 그림을 그리는 시간이 되어야 합니다. 아이들을 독려하여 자리에 가만히 앉아 듣게 하십시오.

토론과 질문

아이들은 다음과 같은 질문을 할 수도 있습니다.

? **떡과 포도주가 실제로 예수님의 몸과 피로 변한다고 이야기하는 사람을 봤습니다. 그것이 맞나요?**

로마 가톨릭을 신봉하는 사람들은 떡과 포도주가 기적적으로 예수님의 실제 몸과 피로 변한다고 믿습니다. 개신교는 이러한 견해에는 성경에 근거한 증거가 없다고 믿습니다.

? **모든 사람이 성찬에 참여할 수 있습니까?**

성찬은 그리스도를 구원을 베푸시는 분으로 신뢰하는 자들만을 위한 것입니다. 많은 교회는 몇 살부터 성찬에 참여할 수 있는지에 대해 각기 지침을 마련하고 있습니다(현재 인도자와 아이들이 소속된 교회가 따르는 지침을 함께 나누십시오).

? **그리스도인이라면 모두 성찬에 꼭 참여해야 하나요?**

성찬은 예수님이 자기 백성의 유익을 위해 정하신 규례 또는 성례입니다. 그리스도인은 반드시 정기적으로 성찬에 참여해야 합니다. 하지만 세례와 마찬가지로 불가피하게 성찬을 하지 못했다고 해서 구원받는 데 지장이 있는 것은 아닙니다.

다음 질문을 통해 아이들이 자신의 삶을, 그리고 이 교리문답이 각자에게 어떻게 영향을 줄지를 생각하도록 도와주십시오.

- 성찬에 참여하는 것이 기대되나요?
- 성찬에 대해 혼란스러운 점이 있나요?

덕목 찾기

겸손

아이들에게 겸손하다는 의미가 무엇인지 물어보십시오. 겸손이란 약하다는 뜻입니까? 일을 그다지 잘하지 못한다는 뜻입니까?

자원자를 받아 빌립보서 2장 5-8절을 읽게 하십시오.

이 구절은 예수님이 하나님이지만, 즉 예수님은 무엇이든 하실 수 있지만 십자가에서 죽으시는 그 겸손의 길을 가기로 정하셨다는 점을 분명히 말씀하고 있습니다. 예수님은 매를 맞고 조롱을 당하기로 스스로 결정하셨습니다. 한마디 말씀만 해도 자신을 고문하던 모든 자를 죽게 하실 수 있었지만 말입니다. 이것은 겸손을 보여 주는 놀라운 본입니다.

아이들에게 성찬을 참으로 이해한 사람은 겸손하게 성찬에 참여하게 된다고 말해 주십시오. 떡을 먹고 포도주를 마심으로, 스스로를 구원할 수 없다는 점을 인정하는 것입니다. 오직 겸손한 자들만이 예수님을 필요로 합니다! 아이들에게 물어보십시오. "다른 사람의 도움이 없으면 할 수 없는 일이 있나요? 그 일은 무엇인가요?"

이렇게 일상생활에서도 우리의 한계를 이해하고 도움이 필요함을 인정하는 것처럼, 더 큰 관점으로 볼 때 우리는 성찬을 받아들임으로써 우리에게는 구주이신 하나님이 필요하다는 점을 인정하는 것입니다. 하지만 우리는 이러한 필요를 잊어버리기가 쉽기 때문에 성례로 우리의 기억을 돕는 것입니다.

암송 활동

성경 구절이나 교리문답에 있는 단어를 하나씩 종이에 적으십시오. 그리고 각 종이를 반으로 자릅니다. 한 구절만 집중해서 암송해도 좋습니다. 각 단어의 절반을 교실 여기저기에 숨기십시오.

모든 아이에게 단어의 절반을 주십시오. 아이들에게 교실에 숨겨 둔 암송 구절 또는 교리문답의 다른 절반을 찾으라고 하십시오. 아이들이 자기 단어의 다른 절반을 찾으면, 구절 또는 문답을 바른 순서로 조합하게 하십시오. 그러고 나서 아이들과 함께 읽습니다. 이번에는 단어 몇 개 중에 절반을 치우십시오. 마지막으로 모든 단어를 치우고 아이들이 전체를 암송할 수 있도록 하십시오.

Notes

⏱ 마치는 기도

아이들에게 겸손의 자세로 무릎을 꿇게 하십시오. 아이들에게 눈을 감고 몇 분 동안 조용히 우리에게 성찬을 허락하신 예수님께 감사하는 기도를 드리게 하십시오.

문47

성찬은 그리스도의 구속 사역에 무언가를 더하는 것입니까?

답

**그렇지 않습니다.
그리스도는 단번에 죽으셨습니다.**

핵심 개념
그리스도의 구속 사역에 더해야 할 무언가는 전혀 없다.

목적
아이들이 그리스도가 완전하고 완벽한 희생 제물이 되셨음을 확신을 품고 알게 한다.

성경 본문
베드로전서 3장 18절

암송 구절
"그리스도께서도 단번에 죄를 위하여 죽으사 의인으로서 불의한 자를 대신하셨으니 이는 우리를 하나님 앞으로 인도하려 하심이라 육체로는 죽임을 당하시고 영으로는 살리심을 받으셨으니"(벧전 3:18).

핵심 덕목
인내

Notes

기억하십시오

이번 문답은 아이들에게 성찬 예식에 대해서 가르칠 또 다른 기회가 될 것입니다. 또한 예수님의 십자가 대속 죽음에는 더할 것이 전혀 없다는 점을 다시 한 번 강조할 것입니다. 이번 문답의 목적은 예수 그리스도는 회개하고 믿음으로 자신에게 돌아온 모든 시대, 모든 사람에게 충분하고 완벽한 희생 제물이 되셨음을 아이들이 이해하도록 돕는 것입니다. 이번 문답에서는 세밀한 균형 감각이 필요합니다. 예수 그리스도의 충분성을 가르치는 동시에 교회에서 성례가 중요함을 계속해서 전달해야 하기 때문입니다.

수업을 계획하고 가르칠 때 기억할 것들

- 아이들은 이 교재 전반에 걸쳐, 그리고 그 외 다른 곳에서 다양한 방식으로 이 진리를 접하게 될 것입니다. 인도자는 이번 문답이 아이들에게 의미 있으면서도 생동감 있는 것이 되도록 수업을 준비하십시오.
- 추상적인 내용들을 아이들이 이해할 수 있도록 만들기 위해 계속해서 애쓰십시오.
- 인도자는 자신이 정한 시간 계획에 맞추어 이 문답에 있는 활동을 섞거나 수정할 수 있습니다(학습 계획을 예시한 13쪽을 참조하십시오). 그 요소들을 모두 할 시간이 없을지도 모릅니다. 여러분이 가르치는 아이들의 강점과 약점에 따라 각 활동을 자유롭게 응용하십시오.

기도하십시오

구원을 베푸시는 하나님, 그리스도를 보내셔서 단번에 죽게 하신 당신의 위대한 자비와 인자를 감사합니다. 주님의 식탁에 형제자매와 둘러앉아 주님이 제게 행하신 모든 것을 기억하며 당신을 찬양합니다. 그리스도의 죽음으로 나의 구원에 충분하게 하시니 감사합니다. 이번 문답을 배우는 아이들에게 이해하는 마음을 주십시오. 아이들이 복음의 진리를 더욱 확신하게 해주시고, 많은 이를 믿음과 성숙으로 이끌도록 일하여 주십시오. 예수님의 이름으로 기도합니다. 아멘.

준비하십시오

- "문47 교리문답 정리"(다운로드)
- "문47 벽화 판"(자료집), 아이 수만큼
- "문47 염려하는 친구에게서 온 편지"(자료집)
- 봉투

문47 | 성찬은 그리스도의 구속 사역에 무언가를 더하는 것입니까?

- 종이
- 사인펜
- 듀플로 또는 메가 블록

Notes

교리문답 정리

"문47 교리문답 정리"(다운로드)를 프린트하여 자르십시오. 자른 종이들을 섞은 뒤에 바닥에 격자 모양으로 뒤집어 놓으십시오.

이번 활동은 기억력 게임입니다. 아이들을 앞으로 나오게 해서 종이 두 장을 뒤집게 합니다. 게임 방법은 짝이 맞는 질문과 답을 찾는 것입니다. 짝을 맞추지 못하면 종이를 다시 바닥에 뒤집어 놓게 하십시오. 아이들은 종이를 뒤집을 때마다 내용을 기억해서 자신의 차례에 짝을 맞춰야 합니다. 가장 많이 짝을 맞춘 아이가 우승입니다!

문47 소개

아이들에게 다음 경험들이 공통적으로 지닌 것이 무엇인지 말해 보라고 하십시오.

1. 첫 생일을 맞이하기
2. 신장을 기증하기
3. 헤일밥 혜성을 보기
4. 치아를 다 갈기
5. 죽음

이것들은 모두 한 사람이 한 번밖에 할 수 없는 경험입니다(사람에게는 신장이 두 개 있기 때문에, 신장 한 개만 기증할 수 있습니다. 헤일밥 혜성은 약 2,500년 주기로 나타납니다. 유치가 다 빠지면 이는 한 번만 더 나옵니다).

이번 문답은 예수님이 단 한 번에 행하신 어떤 일에 집중할 것입니다. 그것은 바로 십자가에서 죽임을 당하신 것입니다. 아이들에게 예수님의 죽음은 충분하고, 완벽하고, 온전한 것이었음을 설명해 주십시오.

문47을 읽어 주십시오. "성찬은 그리스도의 구속 사역에 무언가를 더하는 것입니까?" 사람들은 때로 성찬과 같은 것들이 자신들을 구원한다고 믿으려는 유혹에 빠집니다. 하지만 성경은 예수님이 단번에 죽으신 그 죽음 외에 구속 사역에 더할 것은 전혀 없다고 분명히 선포합니다.

Notes

활동

아이들에게 "문47 벽화 판"(자료집)을 색연필과 함께 한 장씩 나눠 주십시오.

아이들에게 그리스도가 모든 사람을 위해 단번에 죽으셨음을 창조적으로 표현하는 벽화를 그려 보라고 하십시오.

수업 개요

"문47 염려하는 친구에게서 온 편지"(자료집) 복사본 한 장과 인도자의 주소가 적인 편지 봉투가 필요합니다.

수업을 시작하면서 하나님께 도움을 구하십시오. 자신이 이번 문답을 신실하게 가르치게 해달라고, 아이들이 잘 듣게 해달라고 간구하십시오.

아이들에게 전에 배운 문답들에서 사도들이 교회를 강하게 세우기 위해 보낸 편지들을 읽어 줬다고 말해 주십시오. 오늘은 아이들과 나누고 싶은 편지를 가져왔다고 말해 주십시오. 성경에 나오는 것은 아니지만 사도들이 그리스도인들에게 종종 보낸 편지와 유사한 종류입니다. "문47 염려하는 친구에게서 온 편지"(자료집)를 봉투에서 꺼내 아이들에게 읽어 주십시오.

베드로전서 3장 18절을 읽으십시오. 아이들이 말씀을 함께 읽을 수 있도록 성경을 준비하십시오. 아이들을 격려하여 스스로 읽어 보게 하십시오. 아이들이 한 번 다 읽으면 함께 큰 목소리로 읽습니다.

이 구절은 그리스도가 죄인들을 하나님과 화해시키기 위해 감내한 엄청난 고통을 말하고 있습니다. 베드로는 예수님이 한 번 죽으셨고 그 죽으심으로 죄인을 구원하기 위해 필요한 모든 것을 성취하셨다고 설명합니다. 예수님의 그 단 한 번의 죽으심 이상의 무언가는 전혀 필요하지 않습니다.

아이들에게 예수님의 죽으심에 무언가를 더하는 것(구원받기 위해서는 성찬에 반드시 참여해야 한다고 생각하는 것과 같은 일)은 예수님이 십자가에서 성취하신 바에 대해서 무슨 이야기를 하는 것인지 물어보십시오. 아이들에게 "예수님 + 어떤 것 = 아무것도 아님", "예수님 + 아무것도 아님 = 모든 것!"이라고 말해 주십시오.

베드로는 예수님이 죄를 용서하기 위해 단번에 죽으사 불의한 자를 의롭게 하시고, 그들이 하나님의 영원한 가족이 되게 하셨음을 분명히 선포합니다.

아이들이 문47과 답을 기억하도록 도우면서 수업을 마치십시오.

이 내용은 단순히 수업 지도를 위한 것입니다. 가르치는 아이들과 상황에 따라 이 내용을 확장하거나 수정하십시오. 여러분의 말로 여

문47 | 성찬은 그리스도의 구속 사역에 무언가를 더하는 것입니까?

Notes

러분의 이야기를 쓰십시오. 그리고 아이들에게 적절하게 응용할 만한 예화나 적용을 추가 하십시오.

활동

종이, 펜, 봉투를 준비하십시오.

아이들이 스스로에게 편지를 쓰도록 하십시오. 아이들을 독려하여 몇 주 내에 기억해야 할 것들을 쓰게 하십시오. 성찬과 세례에 대해서 기록하지 않으면 잊을 것 같은 내용들도 써 보라고 하십시오. 성례에 대한 어떤 질문들을 통해 하나님을 더 알게 되었는지 물어보십시오. 짧은 편지를 쓸 수 있도록 충분한 시간을 주시고 봉투에 넣게 하십시오. 아이들에게 봉투를 봉하고 주소를 쓰게 하십시오. 그리고 몇 주 안에 편지를 보내 주겠다고 말해 주십시오.

토론과 질문

아이들은 다음과 같은 질문을 할 수도 있습니다.

? 그래서 성찬이 중요하지 않다는 말인가요?

그렇지 않습니다! 성찬은 중요합니다. 그렇기 때문에 예수님도 자신의 교회에 이를 제정하셨습니다. 하지만 성찬 그 자체가 사람들을 그리스도인이 되게 하는 것은 아닙니다.

? 왜 몇몇 교회는 성찬을 "친교(Communion)"라고 합니까?

교회 식구로서 함께 떡과 포도주를 먹고 마실 때, 그들은 서로 공동체가 되어 하나님과 더욱 친밀한 교제를 누리게 됩니다.

다음 질문을 통해 아이들이 자신의 삶을, 그리고 이 교리문답이 각자에게 어떻게 영향을 줄지를 생각하도록 도와주십시오.

- 그리스도가 단번에 죽으심을 마음으로 믿고 있나요?
- 예수님의 십자가 죽음으로 충분하다고 믿고 있나요?
- 성찬은 그리스도인을 굳세게 만들지만 그리스도인을 만들어 내는 것은 아니라는 점을 기억하고 있나요?

Notes

🕙 덕목 찾기

안내

베드로전서 3장 18절은 고난을 주로 다루는 베드로의 편지 가운데 일부분입니다. 고난은 그리스도인의 삶의 일부로 당연하게 받아들여야 하며, 그리스도가 단번에 죽으셨다는 진리로 인해 사람들은 고난을 견디면서 계속 그리스도인으로 살아갈 수 있습니다.

베드로는 비록 삶이 힘겨운 전투로 가득하지만 그리스도가 승리하셨다고 말합니다! 그리스도는 그리스도인의 천국 집을 준비하시고, 우리를 하나님의 가족으로 삼으셨습니다.

아이들에게 고난을 어떻게 느끼는지 물어보십시오. 고난을 견디는 데 무엇이 도움이 될지도 물어보십시오. 고대하는 영원한 집이 있다는 점이 어떤 차이를 만들어 내는지 물어보십시오.

🕙 암송 활동

듀플로나 메가 블록과 같은 블록을 준비하십시오. 암송 구절 또는 교리문답을 두 장씩 프린트하여 단어별로 자르십시오. 그리고 각 블록에 단어를 붙여 두 개의 세트를 만드십시오. 암송 구절을 사용하려면 블록 42개(*그리스도께서도 / 단번에 / 죄를 / 위하여 / 죽으사 / 의인으로서 / 불의한 / 자를 / 대신하셨으니 / 이는 / 우리를 / 하나님 / 앞으로 / 인도하려 / 하심이라 / 육체로는 / 죽임을 / 당하시고 / 영으로는 / 살리심을 / 받으셨으니 – 총 21개*)가 필요합니다. 교리문답으로 하면 총 24개(*성찬은 / 그리스도의 / 구속 / 사역에 / 무언가를 / 더하는 / 것 입니까? / 그렇지 / 않습니다. / 그리스도는 / 단번에 / 죽으셨습니다. – 총 12개*)가 필요합니다.

아이들을 두 팀으로 나누십시오. 각 팀에게 블록 한 더미를 주고 암송 구절 탑을 쌓게 하십시오. 탑을 먼저 완성하는 팀이 우승합니다. 아이들은 바른 순서로 블록을 쌓아야 합니다.

탑을 다 세우면 암송 구절 또는 교리문답을 아이들과 몇 차례 읽으십시오. 더 어렵게 하려면 블록을 몇 개 빼도 좋습니다.

🕔 마치는 기도

아이들이 그리스도가 아닌 어떤 것도 구원을 베푸시는 분으로 신뢰하지 않겠다고 기도하게 하십시오. 그리고 예수님이 단번에 죽으신 것을 감사하도록 인도하십시오.

문48

교회는 무엇입니까?

답

교회는 영생을 얻도록 택함 받고
믿음으로 하나 된 자들로, 함께 하나님을 사랑하고,
따르며, 배우고, 예배합니다.

핵심 개념
하나님은 예수님을 믿는 자들을 부르셔서 교회라는 몸으로 연합하게 하셨다.

목적
교회가 무엇인지, 교회의 목적은 무엇인지 아이들이 이해하도록 돕는다.

성경 본문
데살로니가후서 2장 13-17절

암송 구절
"주께서 사랑하는 형제들아 우리가 항상 너희에 관하여 마땅히 하나님께 감사할 것은 하나님이 처음부터 너희를 택하사 성령의 거룩하게 하심과 진리를 믿음으로 구원을 받게 하심이니"(살후 2:13).

핵심 덕목
사랑

Notes

기억하십시오

아이들에게 교회가 무엇이냐고 물어본다면, 많은 아이가 건물을 떠올릴 것입니다. 교회에 대한 아이들의 이해는 대부분 미숙한 수준에 머물러 있습니다. 의도하지는 않지만 어른들도 종종 교회에 가지 않는다는 것과 교회에서 벌어지는 불미스러운 일들은 아이들의 혼란을 가중시킵니다. 하지만 교회는 건물이 아닙니다! 교회란 하나님이 선택하신 사람들로서 한 지체로 부름 받은 자들입니다. 하나님의 백성, 또는 다른 말로 교회라고 알려진 이들을 사랑하고 섬기려면 아이들은 교회에 대한 풍성하고도 깊은 이해를 지녀야 합니다.

이번 문답의 목적은 아이들이 교회에 대해 품고 있을지 모르는 오해를 바로잡고 하나님의 계획에서 교회가 얼마나 중요한지 알 수 있게 하는 것입니다.

수업을 계획하고 가르칠 때 기억할 것들

- 아이들이 교회를 건물이 아닌 사람으로 생각할 수 있도록 독려하는 용어를 사용하십시오.
- 교회는 하나님을 위해, 구성원을 위해, 외부인을 위해 존재한다는 사실을 아이들이 이해할 수 있도록 노력하십시오.
- 교회는 예수님을 신뢰하고 믿는 모든 자들을 위한 것이며, 아이들도 그 대상이라는 사실을 말해 주십시오.
- 인도자는 자신이 정한 시간 계획에 맞추어 이 문답에 있는 활동을 섞거나 수정할 수 있습니다(학습 계획을 예시한 13쪽을 참조하십시오). 그 요소들을 모두 할 시간이 없을지도 모릅니다. 여러분이 가르치는 아이들의 강점과 약점에 따라 각 활동을 자유롭게 응용하십시오.

기도하십시오

만유의 주재이신 하나님, 이 땅에 살아가는 당신의 백성을 위해 교회를 세워 주시니 감사합니다. 믿는 자들을 보편 교회와 지역 교회에서 연합하게 하심을 찬양합니다. 영광스럽게도 제가 교회에 속하게 하시고, 그리스도 안에서 형제자매와 교제를 누리며, 당신의 말씀으로 제자 되게 하시니 감사합니다. 이번 문답을 배우는 아이들에게 이해하는 마음을 허락해 주십시오. 교회가 무엇이며 교회의 식구가 되는 것이 무엇인지 더욱 깊고 풍성하게 깨닫게 해주십시오. 예수님의 이름으로 기도합니다. 아멘.

문48 | 교회는 무엇입니까?

Notes

준비하십시오

- 다양한 종류의 사탕과 초콜릿(알레르기를 대비하여 견과류가 들어간 사탕은 피하는 편이 좋음)
- "문48 교회 삽화"(자료집)
- "문48 종이 사슬 판"(자료집), 아이 수만큼
- 상자
- 종이
- 매직펜
- 화이트 보드와 펜
- 접착 메모지, 두 가지 색
- 테이프
- 사인펜

⑤ 교리문답 정리

최대한 다양한 종류의 사탕과 초콜릿을 양동이에 담으십시오. 팀에 있는 모든 아이에게 서로 다른 사탕과 초콜릿이 돌아가게 하는 것이 가장 이상적입니다. 모든 사탕과 초콜릿에 숫자를 적으십시오. 정답지를 만들어 놓지만 아이들에게는 보여 주지 마십시오.

아이들 모두 양동이에서 사탕을 하나씩 꺼내게 하십시오. 아이들에게 다른 친구들과 사탕을 바꿀 기회를 주십시오. 모든 아이가 자신이 원하는 사탕을 가지게 되었으면, 그 사탕에 해당되는 질문과 답변을 바르게 말할 때 그 사탕을 가질 수 있다고 말해 주십시오.

> 예를 들어,
> 허쉬 초코렛 = 문1 사나 죽으나 우리의 유일한 희망은 무엇입니까?
> 레몬맛 사탕 = 문2 하나님은 어떤 분입니까?
> 박하 사탕 = 문3 하나님께는 얼마나 많은 위격이 있습니까?
> 딸기맛 사탕 = 문4 하나님은 우리를 어떻게, 왜 창조하셨습니까?

교실에 있는 다른 친구들에게 도움을 요청해도 좋다고 허락하십시오. 그렇게 하면 아이들은 놀랄 것입니다. 이는 그리스도의 지체에 근거한 교회와 연합의 개념에 잘 부합합니다. 모든 아이가 교리문답 정리 시간 마지막에는 사탕이나 초콜릿을 한 개씩 들고 있게 하십시오(부모님의 허락을 받고 먹도록 지도합니다).

Notes

🕔 문48 소개

"문48 교회 삽화"(자료집)를 복사한 후, 잘라서 아이들이 돌려 보게 하십시오. 교회 건물 그림은 인도자가 가지고 계십시오.

아이들에게 그림들을 잘 살펴보라고 하십시오(몸, 다리, 사람 무리, 양 떼). 그리고 그림들에서 공통점을 찾아보라고 하십시오(특이한 답변에 대비하십시오!).

문48을 읽어 주십시오. "교회는 무엇입니까?" 그림들의 공통점은 교회가 무엇인지를 설명할 때 성경에서 사용한 대상이라는 점을 아이들에게 설명해 주십시오. 즉 몸, 다리, 선택받은 백성, 양 떼입니다.

아이들에게 우리는 종종 교회를 건물로 생각한다는 점을 설명해 주십시오. 그리고 이제 교회 건물 그림을 보여 주십시오. 성경이 교회에 대해서 무엇이라고 이야기하는지를 살펴보면, 절대로 성경은 건물에 대해 이야기하지 않는다는 것을 알 수 있습니다. 성경은 교회를 언제나 장소가 아닌 사람으로 말합니다.

🕙 활동

"문48 종이 사슬 판"(자료집)을 사용하여, 종이 사슬을 많이 만드십시오(아이들에게 적어도 사슬 하나씩은 돌아 가도록 하십시오). 그리고 상자에 매직펜을 많이 담고 사슬을 넣으십시오.

아이들에게 이제 교회의 모형을 만들어 볼 것이라고 말해 주십시오. 그리고 필요한 모든 것이 상자 안에 들어 있다고 설명하십시오. 아이들에게 상자에 어떤 것이 들어 있을지 추측해 보라고 하십시오.

아마도 아이들은 나무 막대, 풀, 또는 건물 모형을 만드는 데 필요한 것들이 있으리라 짐작할 것입니다.

상자를 여십시오. 그리고 교회란 사람으로 이루어지는 것이기 때문에 교회의 모형도 사람으로 만들어지는 것이라고 설명하십시오.

모든 아이에게 종이 사슬과 매직펜을 건네주시고, 교회를 구성하는 사람들을 대표하는 얼굴과 옷을 그려 보라고 하십시오. 반드시 모든 인종의 남녀노소를 그려야 합니다(그리는 데 많은 시간이 소요된다면 이 활동은 잠시 제쳐 두고 수업 끝난 후에 다시 돌아오십시오).

🕒 수업 개요

수업을 시작하면서 하나님께 도움을 구하십시오. 자신이 이번 문답을 신실하게 가르치게 해달라고, 아이들이 잘 듣게 해달라고 간구하십시오.

아이들에게 팀에 선발되는 과정이 즐거운지 물어보십시오. 어떤 친구들은 그 과정을 좋아할 것입니다. 자기가 첫 번째로 뽑히기 때문입니다. 어떤 친구들은 자기가 가장 나중에 뽑히기 때문에 싫어할 것입니다. 한 팀에 선발되는 과정은 보통 운동 능력, 인기, 친밀감에 많은 영향을 받습니다. 그렇기 때문에 예상할 수 없는 과정입니다. 성경은 하나님이 교회를 세우시는 방식은 자기 팀원 또는 자기 가족 구성원으로 뽑는 것이라고 말합니다. 하지만 하나님의 편이 되는 것은 우리가 무언가를 얼마나 잘하는지, 또는 우리가 얼마나 인기가 많은지, 우리가 누구와 친한지는 전혀 관계가 없습니다. 오직 예수님과 관련 있으며, 예수님이 우리 대신 희생 제물로 죽으시고 부활하신 것과 관련이 있을 뿐입니다.

하나님은 우리를 부르셔서 예수 그리스도를 신뢰하여 죄를 용서받고 새 생명을 선물로 받으라고 하셨습니다. 그리고 우리가 그렇게 하기만 하면 저절로 교회의 구성원이 되는 것입니다.

데살로니가후서 2장 13-17절을 읽으십시오. 아이들이 말씀을 함께 읽을 수 있도록 성경을 준비하십시오.

아이들에게 바울이 데살로니가인들에게 보낸 편지를 소개하십시오. 바울은 데살로니가에 있는 교회에 편지를 쓰는데, 건물이 아닌 사람에게 보내고 있다는 사실을 아이들에게 강조하십시오.

하나님이 이 세상에 품으신 목적은 자신을 위하여 사람들을 불러 모으는 것입니다. 이 구절에서 우리는 하나님이 어떻게 일하시는지를 볼 수 있습니다. 13절에서 우선 깨달을 수 있는 것은, 하나님이 데살로니가 교회의 일원이 된 사람들을 선택하셨고, 그들이 구원받도록 선택하셨다는 점입니다. 그들은 하나님의 분노와 심판에서 구원받았습니다. 즉, 그들은 예수님을 믿고 영생을 바라도록 구원받은 것입니다. 바울은 그들이 복음의 진리를 듣고 구주가 필요하다는 사실을 깨달을 때, 성령님이 그들 마음 안에서 일하시면서 이러한 과정이 발생하는 것이라고 말합니다. 하나님의 가족 구성원이 되는 기쁨과 소망을 나누라는 것이 하나님이 외치시는 복음의 부름입니다. 하나님은 오늘날도 여전히 자신의 교회를 세우고 계십니다. 하나님은 자신을 위해 선택받은 백성을 모으시며, 그 과정은 지금도 동일합니다. 즉 하나님은 사람을 선택하고 부르시며, 성령님으로 그들의 눈을 열어 복음의 진리를 보게 하시는 것입니다.

예수님과 연합할 때, 우리는 교회 안에서 서로 연결되는 것입니다. 이는 우리가 새로운 형제자매가 된다는 사실을 의미합니다! 그리스도인인 우리에게는 전 세계에 형제자매가 있습니다. 비록 그들 대부분은 만나 보지도 못하겠지만 말입니다. 이것이 바로 모든 그리스도인들을 포괄하는 거대한 **우주적** 교회입니다. 이 우주적 교회의 구성원들은 우리가 살고 있는, 더 작은 무리로 만나는데, 이를 **지역적** 교회라고 합니다.

Notes

그렇다면 아이들에게 어떤 사람이 교회의 구성원인지 물어보십시오. 그 질문의 답은 모든 사람입니다! 젊은 사람 늙은 사람, 부유한 사람, 가난한 사람, 다양한 모든 인종의 사람과 다양한 직업을 가진 사람입니다. 교회는 거대한 성탄절 가족 식사 자리와 같습니다. 거기에는 어린이들, 나이 많은 사람들, 십 대 청소년, 청년들이 모두 한 식탁에 둘러 앉습니다.

바울은 고린도 교회에 보낸 편지에서 교회를 하나의 몸으로 묘사합니다(고린도전서 12장). 몸은 모두 다른 부분으로 구성됩니다. 하지만 각 부분은 몸이 잘 기능하기 위해서 반드시 필요합니다. 교회도 같습니다. 우리는 모두 다르지만, 하나로 합쳐 서로를 사랑하고 하나님이 우리에게 주신 은사로 섬겨, 교회가 잘 기능하게 하는 것입니다.

하나님은 자신의 교회가 세 가지 일을 하기 바라십니다.

1. 하나님을 사랑하고 섬기는 일
2. 우리가 하나님을 위해 살며, 서로를 사랑하고 격려하는 일
3. 교회 외부에 있는 자들을 사랑하며 하나님의 은혜를 보여 주는 일

아이들이 하나님의 교회의 구성원으로 하나되는 일은 정말로 중요한 것이라는 사실을 이해하도록 도와주십시오. 교회란 하나님을 더욱 사랑하도록 배우는 곳이며, 서로를 더욱 잘 사랑하고 격려할 수 있는 곳이며, 예수님이 우리를 사랑하신 것처럼 세상에 있는 사람들을 희생적으로 사랑하는 방법을 배우는 곳입니다.

아이들이 문48과 답을 기억하도록 도우면서 수업을 마치십시오.

이 내용은 단순히 수업 지도를 위한 것입니다. 가르치는 아이들과 상황에 따라 이 내용을 확장하거나 수정하십시오. 여러분의 말로 여러분의 이야기를 쓰십시오. 그리고 아이들에게 적절하게 응용할 만한 예화나 적용을 추가하십시오.

활동

아이들에게 종이와 매직펜을 나눠 주십시오.

아이들에게 교회에 관한 책의 표지를 디자인해 보라고 하십시오. 아이들이 제목을 자유롭게 정하고 표지를 어떻게 꾸밀지 스스로 결정하게 하십시오. 아이들을 독려하여 성경이 교회를 어떻게 묘사하는지를 생각해 보고 어떤 식으로든 표현해 보도록 하십시오.

⑤ 토론과 질문

아이들은 다음과 같은 질문을 할 수도 있습니다.

? 예수님을 신뢰하지 않는 사람도 하나님 교회의 구성원이 될 수 있나요?

예수님을 신뢰하지 않는 사람은 교회 건물에 와서, 예수님과 하나님에 대해 더 많은 것을 발견할 수는 있습니다. 어쩌면 그리스도인인 척할지도 모릅니다. 하지만 하나님은 반드시 예수님을 구주로 신뢰하는 사람만을 교회의 구성원으로 여기십니다.

? 그리스도인들이 모이는 것이 불법인 나라가 있지 않나요?

그리스도인들이 모이는 것이 불법일 때, 그들은 종종 비밀리에 만납니다. 이는 교회로서 모이는 것이 얼마나 중요한 일인지를 보여 줍니다.

다음 질문을 통해 아이들이 자신의 삶을, 그리고 이 교리문답이 각자에게 어떻게 영향을 줄지를 생각하도록 도와주십시오.

- 어떻게 교회의 형제자매를 더욱 사랑할 수 있을까요?
- 다른 사람에게 교회가 무엇인지 어떻게 설명할 것인가요?
- 교회 가족을 위해 어떻게 기도할 것인가요?

⑩ 덕목 찾기

사랑

아이디어 판을 만드십시오. 화이트 보드에 커다란 전구만 그리면 만들 수 있습니다. 두 가지 색의 접착 메모지와 사인펜을 준비하십시오.

아이들에게 교회 식구들을 더욱 잘 사랑할 수 있는 방법들을 떠올려 보라고 하십시오. 아이들을 독려하여 접착 메모지에 아이디어를 적고 아이디어 판에 붙이라고 하십시오. 아이들에게 교회에는 다양한 종류의 사람이 존재하는데 그 사람을 모두 사랑하는 방법을 생각해야 한다고 새겨 주십시오.

다른 색의 접착 메모지에는 하나님의 사랑을 교회 바깥 사람들에게 보여 줄 수 있는 방법을 적어 보도록 하십시오. 자신의 아이디어를 아이디어 판에 붙이게 하십시오.

아이들에게 자신의 아이디어를 실천으로 옮길 수 있는 방법을 생각해 보라고 하십시오.

Notes

🕙 암송 활동

암송 구절 또는 교리문답을 단어별로 자르십시오. 테이프로 벽에 순서대로 붙이십시오.

아이들에게 암송 구절 또는 교리문답을 함께 읽도록 하십시오. 한 단어를 떼어 내고 그 구절을 다시 읽게 하십시오. 한 단어도 남지 않을 때까지 한 단어씩 떼어 내십시오. 그리고 전체 구절을 암송하십시오!

🕔 마치는 기도

아이들을 독려하여 교회를 주신 하나님께 감사하고 교회 안에 있는 하나님의 백성을 더욱 사랑하고 섬기게 도와달라고 구하게 하십시오.

문 49

그리스도는 지금 어디에 계십니까?

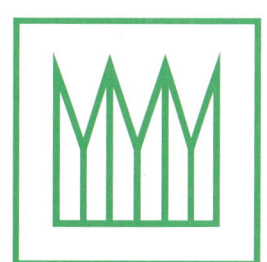

답

그리스도는 죽으신 지 사흘 만에 무덤에서 온전히 부활하셔서 아버지 오른편에 앉아 계십니다.

핵심 개념
예수 그리스도는 무덤에서 부활하셔서 하늘로 올라가셨다.

목적
예수님은 지금 이 땅에 없으시지만 살아 계시고 다스리신다는 사실을 아이들이 이해하도록 돕는다.

성경 본문
에베소서 1장 15-23절

암송 구절
"그의 능력이 그리스도 안에서 역사하사 죽은 자들 가운데서 다시 살리시고 하늘에서 자기의 오른편에 앉히사 모든 통치와 권세와 능력과 주권과 이 세상뿐 아니라 오는 세상에 일컫는 모든 이름 위에 뛰어나게 하시고"(엡 1:20-21).

핵심 덕목
인내

Notes

기억하십시오

아이들은 예수님이 이 땅에 계실 때 육체를 지니셨다는 점은 쉽게 이해할 수 있습니다. 예수님의 지상 사역에 친숙하기 때문입니다. 하지만 아이들은 예수님의 부활과 승천이 실제 육체와 관련된 것이라고는 미처 생각해 보지 못했을 수도 있습니다. 아이들은 구체적인 개념은 잘 받아들이지만 추상적인 사고는 조금 힘들어 합니다.

이번 문답은 아이들에게 예수님이 육체적으로 죽은 자 가운데서 부활하셨다는 사실을 소개할 것이며, 예수님이 육체를 입고 부활하시고 승천하신 것이 그리스도인에게 핵심적인 교리임을 깨닫게 해줄 것입니다. 이번 문답의 목적은 아이들이 예수님의 부활과 승천에 담긴 물리적 성질을 이해하고, 지금 예수님이 어디에 계신지를 분명히 이해하도록 돕는 것입니다. 그리고 부활이 어떻게 그리스도인들에게 위대한 희망이 되는지를 보여 주는 것입니다.

수업을 계획하고 가르칠 때 기억할 것들

- 부활이 몇몇 아이에게는 신선한 개념일 수 있습니다. 예수님이 지금 천국에서 하나님 오른편에 계시다는 사실을 이해할 수 있도록 명확히 설명하십시오.
- 인도자는 예수님이 육체를 입고 부활하셨다는 사실이 기독교 신앙의 핵심임을 반드시 설명하십시오.
- 인도자는 자신이 정한 시간 계획에 맞추어 이 문답에 있는 활동을 섞거나 수정할 수 있습니다(학습 계획을 예시한 13쪽을 참조하십시오). 그 요소들을 모두 할 시간이 없을지도 모릅니다. 여러분이 가르치는 아이들의 강점과 약점에 따라 각 활동을 자유롭게 응용하십시오.

기도하십시오

전능하신 하나님, 예수님을 죽은 자 가운데서 살리시고 천국에서 당신의 우편에 앉게 하셔서 당신의 위대함을 보여 주시니 감사합니다. 모든 것의 통치자이신 예수님을 향한 저의 찬양과 영광을 받아 주십시오. 이번 문답을 배우는 아이들에게 이해하는 마음을 주십시오. 하나님의 능력에 경탄하게 하시고 예수님이 육체로 부활하시고 승천하셨다는 사실에 고무되게 하시고 그것이 우리 각자에게 함의하는 바를 이해하며 희망으로 가득하게 해주십시오. 예수님의 이름으로 기도합니다. 아멘.

문49 | 그리스도는 지금 어디에 계십니까?

준비하십시오

- 제비뽑기 막대
- 매직펜
- 타이머(휴대 전화 타이머도 좋음)
- 컵
- "문49 유명한 집 삽화"(자료집)
- 성경책
- 성경 인용 목록
- 펜
- 종이
- "문49 권좌"(자료집), 아이 수만큼
- 공
- 접착 메모지
- 두꺼운 종이에 프린트된 암송 구절 또는 교리문답

교리문답 정리

제비뽑기 막대를 53개 준비하여 1부터 48까지 숫자를 적으십시오. 숫자가 적힌 부분을 아래쪽으로 해서 컵에 꽂으십시오. 나머지 다섯 개에는 "처음부터"라고 적어 컵에 꽂으십시오. 타이머를 5분으로 맞추십시오.

아이들에게 차례대로 컵에서 막대를 뽑게 하십시오. 그리고 적힌 숫자에 맞는 질문과 답을 말하도록 하십시오. 만약 맞히면(비슷하게 말해도 좋습니다), 그 막대기를 가져가게 하십시오. 타이머가 울릴 때까지 막대기를 가장 많이 가져간 사람이 우승합니다. 아이들에게 함정이 있다고 설명해 주십시오. 즉 "처음부터"라고 쓰인 막대기를 뽑으면 모든 사람이 막대기를 컵에 넣고 처음부터 다시 시작하게 된다는 것입니다(이 경우에도 시간은 계속 흐릅니다).

문49 소개

"문49 유명한 집 삽화"(자료집)를 준비하십시오.

- 백악관
- 신데렐라의 성
- 헨젤과 그레텔에 나오는 과자집
- 라푼젤이 있는 탑

아이들에게 집 그림을 하나씩 보여 주며, 각각의 집에 누가 사는지 맞혀 보라고 하십시오. 아이들에게 이 집들에는 누군가가 산다고 말해 주십시오. 즉 누군가가 거주하는, 실제로 존재하는 장소입니다. 문49를 읽어 주십시오. "그리스도는 지금 어디에 계십니까?" 아이들은 이 질문을 통해 예수님이 이 땅을 떠나신 후로 어디에 계신지를 이해하게 될 것입니다.

Notes

🕐 활동

아이들에게 성경을 한 권씩을 나눠 주십시오. 다음 성경 구절을 종이에 적어 성경 인용 목록을 만드십시오.

- 요한복음 14장 28절
- 누가복음 22장 69절
- 골로새서 3장 1절
- 히브리서 1장 3절
- 베드로전서 1장 8절

아이들을 몇 팀으로 나누고 각 팀에 성경 인용 목록을 한 장씩 나눠 주십시오. 팀마다 기록자를 정하게 하고 펜과 종이를 나눠 주십시오. 아이들이 성경 인용 목록에 나와 있는 순서대로 성경 말씀을 찾아서 읽으면 기록자는 이 구절에서 예수님이 계신 곳에 대해서 말씀하는 내용을 다 받아 적습니다. 아이들이 이 구절들을 다 읽으면 발견한 내용을 나누게 하십시오. 특별히 예수님이 육체를 입고 부활하셨으며 지금은 천국에 계셔서 성부 하나님 오른편에 앉아 계시다는 사실을 강조하십시오.

🕐 수업 개요

수업을 시작하면서 하나님께 도움을 구하십시오. 자신이 이번 문답을 신실하게 가르치게 해달라고, 아이들이 잘 듣게 해달라고 기도하십시오.

에베소서 1장 15-23절을 읽으십시오. 아이들이 말씀을 함께 읽을 수 있도록 성경을 준비하십시오.

바울이 에베소 그리스도인들에게 보낸 편지에서 이 부분은 기도입니다. 바울은 에베소 그리스도인들이 하나님의 능력과 위대함을 더 많이 알게 되기를 기도하고 있습니다.

아이들에게 정말로 강하다고 생각하는 사람이 누구인지 물어보십시오. 왜 그 사람들이 강하다고 생각하는지 물어보십시오.

하나님처럼 강한 분은 존재하지 않으며, 이 본문은 하나님이 얼마나 강하신 분인지를 강조하고 있습니다. 하나님은 예수님을 십자가에서 못 박혀 죽은 지 삼 일 만에 죽은 자 가운데서 살려 내셔서 위대한 능력을 나타내십니다. 바울은 19절과 20절에서 이 말을 하고 있습니다. 성부 하나님은 또한 예수님을 죽은 자 가운데서 살리시는 것 이상의 일을 하셨습니다. 예수님을 천국으로 올라가게 하신 것입니다! 아이들에게 예수님이 죽은 자 가운데서 살아나셨을 때, 그분은 육체를 입고 있었음을 강조하십시오. 예수님은 사람들과 함께 거닐고 이야기를 나누셨으며 음식도 먹었습니다. 이런 면에서 볼 때, 예수님의 몸은 우리의 몸과 동일했습니다. 하지만 부활하신 후에, 예수님은 우리가 할 수 없는 일을 할 수 있게 되셨습

문49 | 그리스도는 지금 어디에 계십니까?

니다. 예를 들면 벽을 통과해서 지나는 것 같은 일 말입니다!

아이들에게 예수님이 육체를 입고 부활하셨음은 기독교 신앙에서 가장 치열하게 논쟁하고 연구된 분야라고 언급해도 좋습니다. 시대에 걸쳐 그리스도인들은 예수님이 죽은 자 가운데서 부활하셨기 때문에, 우리 역시 언젠가 부활체를 입게 될 것임을 분명하게 믿었습니다.

예수님은 부활 후 사십 일 동안 이 땅에 머무셨습니다. 예수님은 (육체를 입으신 채로) 하늘로 돌아가셔서 성부 하나님의 오른편에 앉으셨습니다. 아이들에게 누군가의 오른편에 앉는 것이 무슨 뜻이라고 생각하는지 물어보십시오. 이는 특별한 영광이 있는 자리입니다. 예수님이 하나님의 오른편에 앉으셨을 때, 하나님은 예수님에게 모든 것을 다스리는 권세를 주신 것입니다.

22절을 보면 예수님이 무엇의 머리가 되신 것인지 아이들에게 물어보십시오. 예수님은 교회의 머리이십니다. 그리고 23절에서 교회는 그리스도의 몸으로 나타납니다. 하나님은 소중한 아들인 예수님에게 자신의 모든 능력과 권세를 주시며 교회의 머리가 되게 하셨습니다. 아이들에게 몸에서 머리가 어떤 역할을 하는지 물어보십시오.

아이들이 문49와 답을 기억하도록 도우면서 수업을 마치십시오.

이 내용은 단순히 수업 지도를 위한 것입니다. 가르치는 아이들과 상황에 따라 이 내용을 확장하거나 수정하십시오. 여러분의 말로 여러분의 이야기를 쓰십시오. 그리고 아이들에게 적절하게 응용할 만한 예화나 적용을 추가하십시오.

활동

"문49 권좌"(자료집)를 복사하여 아이마다 한 장씩 나눠 주십시오.

아이들에게 각 의자에는 어떤 사람이 앉아야 하는지 빈칸에 써 보라고 하십시오. (답–시계 방향 : 왕, 재판관, 하나님의 아들, 대통령)

토론과 질문

아이들은 다음과 같은 질문을 할 수도 있습니다.

? 예수님이 하늘에 계시다면, 땅에 있는 우리와 어떻게 함께하실 수 있나요?

예수님이 육체로는 하늘에서 성부 하나님의 오른편에 앉아 계시지만, 성령님을 통해 모든 그리스도인과 함께하겠다고 약속하셨습니다.

? **예수님은 언제나 몸을 지니고 계셨나요?**

아닙니다. 비록 예수님은 언제나 존재하셨지만, 베들레헴에서 사람으로 태어나시기 전까지는 몸을 지니고 계시지 않았습니다. 그렇기 때문에 요한복음 1장 14절이 "말씀이 육신이 되어 우리 가운데 거하시매"라고 말씀하는 것입니다.

다음 질문을 통해 아이들이 자신의 삶을, 그리고 이 교리문답이 각자에게 어떻게 영향을 줄지를 생각하도록 도와주십시오.

- 예수님이 지금도 살아 계시다고 생각해 본 적이 있나요?
- 예수님이 육체로 부활하셨다고 믿나요?
- 예수님의 부활을 이해하면 죽음에 대한 생각이 어떻게 달라지나요?

덕목 찾기

인내

www.prisoneralert.com 사이트를 방문하십시오. 이곳은 순교자들의 목소리(Voice of the Martyrs)에서 운영하는 사이트입니다. 현재 자신의 신앙 때문에 감옥에 갇혀 있는 그리스도인들을 찾아보십시오.

바울은 에베소서 1장 18절에서 에베소인들이 그들이 부르심을 받은 소망이 무엇이며 성도 안에서 누릴 그 영광스러운 상속에 대해서 알기를 기도합니다. 바울은 그리스도인들이 예수님을 알고 신뢰함으로 이 삶에서, 그리고 영원한 삶에서 누리게 될 모든 축복을 말하고 있습니다.

그리스도인의 소망을 이해하면 삶에서 인내하는 데 도움이 됩니다. 우리는 예수님이 우리를 영원히 떠나지 않으셨다는 것을 압니다. 언젠가 예수님은 돌아오셔서 우리를 데려 가시고 영원히 우리와 함께하실 것입니다.

아이들에게 자신의 신앙을 지키기 위해 감옥에 갇힌 사람들에게 인내한다는 것이 무슨 의미일지 물어보십시오. 그리스도를 부인하지 않는 것이 인내의 한 가지 방법임을 깨닫게 하십시오. 또 다른 한 가지는 비록 감옥에서 살아 나오지 못한다는 사실을 알더라도 영생을 소망하는 것입니다.

감옥에 갇힌 그리스도인들을 위해서 몇 분 동안 기도하십시오. 그들이 그리스도가 하나님 오른편에 앉아 계심을 알고, 이 지식으로 인하여 인내할 수 있게 해달라고 기도하십시오.

문49 | 그리스도는 지금 어디에 계십니까?

Notes

암송 활동

공 한 개와 두꺼운 종이에 프린트한 암송 구절 또는 교리문답이 필요합니다. 접착 메모지를 준비해서 단어 위에 붙여 가릴 수 있게 하십시오.

두꺼운 종이에 프린트한 암송 구절 또는 교리문답을 벽에 붙이십시오. 인도자와 아이들이 함께 몇 차례 암송 구절을 읽게 하십시오. 점점 암송 구절에 있는 단어들을 접착 메모지로 가려 나가십시오.

두 팀으로 나누어 서로 바라보며 두 줄로 서게 하십시오. 한 아이에게 공을 던지면서 암송 구절 또는 교리문답의 첫 번째 단어를 말해 주십시오. 그러면 그 아이는 상대팀에 있는 아이에게 공을 던집니다. 공을 받은 아이는 암송 구절의 두 번째 단어를 말해야 합니다. 단어를 기억하지 못하거나 맞히지 못하면 공을 다른 아이에게 던져 주고 자리에 앉게 합니다. 맨 마지막 아이 차례가 될 때까지 이 게임을 계속 진행합니다. 마지막에 더 많은 아이가 서 있는 팀이 우승합니다.

마치는 기도

아이들이 예수님이 하늘에서 아버지 오른편에 앉아 계시다는 사실을 기뻐하고 부활이 가져올 영원의 소망을 알게 해달라고 기도할 수 있도록 독려하십시오.

인도자 가이드 3

성령 하나님
회복
성화

문50

그리스도의 부활은 우리에게 무슨 의미가 있습니까?

답

그리스도는 죄와 사망을 이기셨습니다.
그래서 그분을 믿는 사람은 누구나 이 세상에서
새로운 생명을 얻고 앞으로 올 세상에서 영생을 얻습니다.

핵심 개념

부활은 하나님이 그리스도의 대속 죽음으로 만족하셨음을 확실히 보여 주고, 그리스도인들에게 부활의 희망을 보장한다.

목적

예수님이 사망을 이기셨기 때문에 그리스도인들은 부활할 것임을 확실히 기대한다는 사실을 아이들이 이해하도록 돕는다.

성경 본문

데살로니가전서 4장 13-18절

암송 구절

"형제들아 자는 자들에 관하여는 너희가 알지 못함을 우리가 원하지 아니하노니 이는 소망 없는 다른 이와 같이 슬퍼하지 않게 하려 함이라 우리가 예수께서 죽으셨다가 다시 살아나심을 믿을진대 이와 같이 예수 안에서 자는 자들도 하나님이 그와 함께 데리고 오시리라"(살전 4:13-14).

핵심 덕목

희망

Notes

기억하십시오

부활은 그리스도인에게 핵심 교리입니다. 우리는 예수님이 육체를 입고 부활하셨다는 사실만 파악하는 것에서 그치지 않고, 그 함의 역시 완전히 이해해야 합니다. 이번 문답은 문 49와 예수님이 물리적으로 죽은 자 가운데서 부활하시고 하늘로 승천하셨다는 믿음을 더욱 강하게 할 것입니다. 또한 아이들이 부활이 각자에게 갖는 함의 역시 이해하도록 도울 것입니다. 즉 우리는 하나님이 예수님의 십자가 대속 죽음에 만족하셨기 때문에, 예수님의 죽음이 그분을 신뢰하는 모든 자의 죄의 삯을 치르기에 충분하다는 사실을 압니다. 또한 예수님이 육체를 입고 부활하셨다는 사실은 그리스도 안에 있는 모든 자가 부활할 것임을 확증합니다.

수업을 계획하고 가르칠 때 기억할 것들

- 부활의 개념이 상당히 추상적이고 아이들이 이해하기에는 더 오랜 시간이 소요된다는 사실을 기억하십시오.
- 어떤 아이들은 영생 및 새 하늘과 새 땅의 의미를 이해하는 데 어려움을 겪을 것입니다. 아이들이 그리스도인의 소망을 이해하도록 인내심을 가지고 도우십시오.
- 이번 문답은 죽음과 관련이 있습니다. 아이들에게는 어려운 주제일 수도 있음을 인식하십시오. 특별히 가까운 누군가의 죽음을 경험한 아이들에게 주의하십시오.
- 인도자는 자신이 정한 시간 계획에 맞추어 이 문답에 있는 활동을 섞거나 수정할 수 있습니다(학습 계획을 예시한 13쪽을 참조하십시오). 그 요소들을 모두 할 시간이 없을지도 모릅니다. 여러분이 가르치는 아이들의 강점과 약점에 따라 각 활동을 자유롭게 응용하십시오.

기도하십시오

전능하신 하나님, 부활의 진리로 인해 하나님을 찬양합니다. 예수님을 죽은 자 가운데서 살리셔서 예수님의 죽음이 죄에 대한 충분한 대속이 되었음을 선포하시니 감사합니다. 제 자신의 부활을 즐겁게 고대하고 하나님의 임재 가운데 거할 영원을 소망하게 하시니 기쁩니다. 이번 문답을 배우는 아이들에게 이해하는 마음을 주십시오. 부활이 아이들 각자에게 과연 어떤 함의가 있는지 완전히 깨닫게 하십시오. 예수님의 이름으로 기도합니다. 아멘.

문50 | 그리스도의 부활은 우리에게 무슨 의미가 있습니까?

준비하십시오

- "문50 교리문답 정리"(다운로드)
- 사탕
- 포장지
- 테이프
- 정지와 재생이 가능한 음악
- 불어 놓은 풍선 한 다발. 아이 수의 두 세 배 만큼
- 매직펜
- "문50 단어 찾기"(자료집)
- 조니 에릭슨 타다의 사진
- 화이트 보드와 펜

Notes

교리문답 정리

선물 돌리기 게임을 준비하십시오. 사탕을 열 겹의 포장지로 싸십시오. 포장을 한 번 쌀 때마다 "문50 교리문답 정리"(다운로드)에 있는 교리문답과 작은 사탕을 하나씩 넣으십시오.

아이들에게 선물을 돌릴 것이라고 설명하십시오. 음악에 맞춰 선물을 돌리다가 음악이 멈추면 선물을 들고 있는 아이가 포장지를 한 겹 열고 사탕과 문제를 확인합니다. 만약 바르게 답하면 사탕을 가지게 됩니다(단 부모님의 허락을 받은 후 나중에 먹게 합니다). 답을 제대로 하지 못하면 다른 아이에게 기회가 돌아가도록 하십시오. 그러고 나서 다시 음악을 틀고 모든 포장을 풀때까지 진행하십시오.

문50 소개

아이들에게 물어보십시오. "모든 사람이 삶에서 확신할 수 있는 단 한 가지는 무엇인가요?" 잠시 시간을 주고 맞히도록 하십시오. 맞히지 못하면 그것은 바로 죽음이라고 말하십시오. 살면서 일어났으면 하고 바라는 것은 많지만 모든 인간이 예측할 수 있는 단 한 가지는 바로 죽음입니다.

사람들은 보통 죽음에 대해서 생각하는 것을 좋아하지 않습니다. 우리는 종종 죽음을 숨기려 애씁니다. 공동묘지는 높은 벽 뒤에 가려져 있으며, "떠나다" 또는 "돌아가다"라는 말로 죽음을 돌려서 표현합니다.

그리스도인들에게 죽음을 생각하는 것은 매우 중요한 일입니다. 죽음을 어떻게 생각하느냐에 따라서 삶을 어떻게 생각하는지가 달라지기 때문입니다. 이 땅의 삶이 전부라고 믿는 사람들은 현재의 삶을 최대한 즐기는 일에 몰두합니다. 쾌락, 성공, 행복을 위해서 살아갑니다. 하지만 그리스도인들은 이 땅의 삶이 전부가 아니라는 사실을 압니다. 그리스도인은

Notes

영생을 믿으며, 영원을 마음에 간직하고 살아야 합니다. 따라서 그리스도인은 죽음 후에 아무것도 없다고 믿는 사람들과 구별될 수밖에 없습니다.

문50을 읽어 주십시오. "그리스도의 부활은 우리에게 무슨 의미가 있습니까?" 아이들에게 이 질문을 통해 예수님의 부활이 자신의 삶을 어떻게 빚어 나가고 또 어떠한 영향을 끼치는지 이해하게 될 것이라고 설명하십시오.

활동

아이들에게 이번 교리문답은 예수님이 죄와 사망을 **이기셨다**고 말한다는 점을 강조하십시오. 아이들에게 "이겼다"는 말이 승리가 죄와 사망보다 근소하게 낫다는 의미인지 물어보십시오. 승리란 예수님이 거의 물리치기는 했지만, 완전히 그렇지는 않았다는 뜻인가요? 아닙니다! 승리는 완전히 패퇴시켰음을 말합니다!

아이들에게 풍선과 매직펜을 나눠 주십시오. 풍선에 "죄와 사망"이라고 쓰게 하십시오. 예수님이 사망에서 완전한 승리를 거두셨다는 사실을 기억하는 방법으로, 이제 모든 풍선을 터뜨릴 것이라고 말해 주십시오! 재미있게 풍선을 터뜨리고 부활을 축하하십시오!

수업 개요

수업을 시작하면서 하나님께 도움을 구하십시오. 자신이 이번 문답을 신실하게 가르치게 해달라고, 아이들이 잘 듣게 해달라고 간구하십시오.

데살로니가전서 4장 13-18절을 읽으십시오. 아이들이 말씀을 함께 읽을 수 있도록 성경을 준비하십시오.

바울은 세 가지 이유로 데살로니가 그리스도인들에게 이 글을 썼습니다. 이 본문에서 다음과 같은 이유들을 찾아볼 수 있습니다.

1. 그리스도인들이 죽은 후에 어떻게 되는지 몰라 혼란스러워하지 않도록, 그리스도인이 죽을 때 발생하는 일을 알고 이해하여 그리스도인이 아닌 사람들과 다른 삶을 살아가도록.
2. 그들이 알고 지내던 누군가가 죽을 때에도 여전히 희망을 품을 수 있도록.
3. 그들이 공유하는 소망을 서로에게 기억나게 하여 서로를 도울 수 있도록

바울은 데살로니가인들에게 복음의 정수를 다시 진술하여 그들이 소망을 품도록 독려하고 있습니다. 14절에서 바울은 말합니다. "우

문50 | 그리스도의 부활은 우리에게 무슨 의미가 있습니까?

Notes

리가 예수께서 죽으셨다가 다시 살아나심을 믿을진대." 사람들이 말하는 **희망**이라는 단어와 성경이 말하는 **희망**이라는 단어는 서로 다릅니다.

아이들에게 사람들은 무엇을 희망하는지 물어보십시오. 새 자전거를 사는 것? 숙제가 없는 것? 디즈니랜드를 가보는 것? 사람들은 무언가를 희망하지만 그 희망이 달성될지는 알지 못합니다. 그리스도인이 희망을 품는다는 것은 하나님이 우리를 죽은 자 가운데서 살리신다는 확신을 갖는 것이고, 이 희망은 하나님의 말씀에 기초한 것입니다.

그리스도인은 언젠가 예수님이 다시 오시거나 자신이 죽게 된다는 사실을 압니다. 모든 그리스도인은 예수님과 영원히 함께할 것임을 분명히 압니다.

바울은 예수님이 부활하셨기 때문에 모든 그리스도인은 언젠가 사망에서 부활할 것임을 분명히 믿을 수 있다고 말합니다. 예수님은 무덤을 넘어서는 생명이 있다는 증거를 주셨습니다. 또한 죄와 사망을 이기시고 자신을 신뢰하여 죄를 용서받는다고 믿는 모든 자가 부활하여 영생을 누리게 될 것임을 보증하셨습니다. 예수님은 사흘 만에 다시 살아나셨는데, 이는 하나님이 자신의 아들이 희생 제물로 죽으신 것에 완전히 만족하셨음을 공적으로 선포한 것입니다.

아이들이 문50과 답을 기억하도록 도우면서 수업을 마치십시오.

이 내용은 단순히 수업 지도를 위한 것입니다. 가르치는 아이들과 상황에 따라 이 내용을 확장하거나 수정하십시오. 여러분의 말로 여러분의 이야기를 쓰십시오. 그리고 아이들에게 적절하게 응용할 만한 예화나 적용을 추가하십시오.

활동

"문50 단어 찾기"(자료집)와 매직펜을 아이 수만큼 준비하십시오.

아이들에게 "문50 단어 찾기"(자료집)를 한 장씩 나눠 주십시오. 단어를 찾아 보도록 하십시오. 아이들이 단어 찾기를 마치면 질문과 답을 함께 읽으십시오.

Notes

5 토론과 질문

아이들은 다음과 같은 질문을 할 수도 있습니다.

? 죽을 때 그리스도인이 아닌 사람은 어떻게 되나요?

모든 사람이 부활하지만 살아서 예수님을 믿고 신뢰한 사람들만 예수님과 함께하는 영원에 들어서게 됩니다. 예수님을 믿고 신뢰하지 않은 자들은 심판을 당하여 지옥에서 하나님과 영원히 분리됩니다. 그리스도와 상관없이 죽은 사람들에 관해 더 알기 위해 문28을 다시 살펴봐도 좋습니다.

? 우리가 예수님처럼 부활할 것이라는 사실을 정말로 확실히 알 수 있나요?

하나님이 예수님을 다시 살리셨기 때문에 우리도 죽은 자 가운데서 살리실 것을 확신할 수 있습니다! 예수님은 첫 열매로 그려집니다. 이는 예수님이 처음으로 부활하셨다는 뜻으로 앞으로 더 많은 부활이 뒤따를 것임을 우리에게 전합니다.

다음 질문을 통해 아이들이 자신의 삶을, 그리고 이 교리문답이 각자에게 어떻게 영향을 줄지를 생각하도록 도와주십시오.

- 그리스도인의 소망이 그리스도인의 삶에 어떻게 영향을 끼치나요? 예를 들어, 죽음에 관한 고뇌에 맞서도록 돕습니까? 우리의 영원한 운명을 위협할 존재 또는 사물이 있습니까?
- 소망 없는 자들같이 슬퍼하는 것이 무슨 뜻이라고 생각하나요?

---

10 덕목 찾기

희망

아이들에게 보여 줄 조니 에릭슨 타다의 사진을 준비하십시오.

조니 에릭슨 타다에 관한 이야기를 아이들에게 들려 주십시오.

조니는 열일곱 살의 나이에 다이빙 사고를 당한 후, 목 아래 부분이 마비되고 말았습니다. 조니는 마비 증세를 받아들이기 위해 부단 한 노력을 한 후에, 마침내 하나님은 자신을 잊지 않으셨고 하나님의 영광을 위해 자신을 사용하실 수 있다는 사실을 믿게 되었습니다. 조니는 하나님의 은혜와 자비를 증거하고, 다른 이들에게 예수님을 가리키는 사역을 시작했습니다.

아이들에게 조니가 자주 생각한 것 중 하나가 천국과 새로운 창조세계였다고 말해 주십시오. 조니의 책 「천국: 당신의 진정한 집

문50 | 그리스도의 부활은 우리에게 무슨 의미가 있습니까?

Notes

(Heaven: Your Real Home)」에서 인용한 다음 구절을 읽어 주십시오.

> 나는 여전히 믿을 수 없다. 오글쪼글하게 굽어 버린 이 손가락이. 위축된 근육과, 어깨 밑으로는 아무 감각이 없는 이 몸이 언젠가는 새 몸이 되어 밝고 환한 의의 옷을 입게 될 것이라니. 강렬하고도 황홀하다…… 나에게는 로마서 12장 12절 말씀처럼 "소망 중에 즐거워"하기란 쉬운 일이다. 그리고 지난 이십 년간 내가 해온 일이 정확히 그것이다. 천국에 대한 나의 확신은 매우 생생하기 때문에 친구들과 약속을 잡는다. 새로운 몸으로 만나 온갖 재미있는 일을 함께하자고…….
>
> 그리고 나는 이 약속들을 가볍게 여기지 않는다. 나는 이런 일들이 정말로 일어날 것이라고 확신한다.

그리스도인의 소망이 조니의 삶에 큰 차이를 만들어 낸 것입니다. 조니는 자신이 죽은 자 가운데서 일어날 때, 마비된 몸으로는 하지 못하는 모든 일을 할 수 있는 새로운 몸을 받을 것을 알았습니다. 아이들에게 그리스도인의 희망이 어떻게 삶을 살아가는 방식에 영향을 줄 수 있는지 물어보십시오.

암송 활동

화이트 보드를 준비하십시오.

성경 구절 또는 교리문답의 모음을 빼고 적으십시오. 아이들에게 어떤 모음이 필요할지 알아 맞혀 보라고 하십시오. 모음을 다 맞게 적으면 아이들과 몇 번 읽어 보십시오.

마치는 기도

아이들에게 하나님께 부활과 희망을 주신 것을 감사하는 기도를 드리게 하십시오.

인도자 가이드 3

성령 하나님
회복
성화

문 51

그리스도의 승천은 우리에게 어떤 유익이 있습니까?

답

그리스도는 이제 아버지가 계신 곳에서 우리를 대변하시고, 자신의 영을 우리에게 보내십니다.

핵심 개념
부활하시고 승천하신 그리스도는 하늘 보좌에 앉으셔서 자기 백성을 위해 일하신다.

목적
예수님이 지금 무슨 일을 하고 계신지 아이들이 이해하도록 돕는다.

성경 본문
로마서 8장 3-39절

암송 구절
"누가 정죄하리요 죽으실 뿐 아니라 다시 살아나신 이는 그리스도 예수시니 그는 하나님 우편에 계신 자요 우리를 위하여 간구하시는 자시니라"(롬 8:34).

핵심 덕목
희망

Notes

기억하십시오

아이들은 삼위일체 하나님의 사역을 생각할 때 보통 성부 하나님에 대해서 생각할 뿐, 성자 하나님이 지금도 하고 계신 사역을 생각하지는 않습니다. 그리고 성령 하나님의 사역에 대해서는 조금 이해하고 있을지 모르지만, 부활하시고 승천하신 예수님은 어디에 들어가야 하는지에 대해서는 조금 혼란스러워할 것입니다. 이번 문답을 통해 아이들은 예수님이 지금 천국에서 어떤 일을 하고 계신지 이해하게 될 것입니다. 그리고 성자 하나님이 현재 이 세상에서, 그리고 그리스도인 각자의 삶에서 맡으신 역할이 무엇인지 이해하도록 도울 것입니다. 이번 문답의 목적은 아이들에게 승천하신 그리스도의 사역을 더 온전히 이해할 수 있도록 준비시키는 것입니다.

수업을 계획하고 가르칠 때 기억할 것들

- 몇몇 개념은 추상적이기 때문에 아이들이 이해하기 쉽도록 잘 설명해야 합니다.
- 승천하신 그리스도의 사역의 중요성을 강조하십시오. 아이들이 왜 이 교리가 중요한지 깨닫도록 도와주십시오.
- 승천하신 그리스도가 자신의 삶에서 맡으신 역할과 하시는 일을 아이들이 더욱 온전히 이해하게 될수록 엄청난 확신과 기쁨을 줄 것입니다.
- 인도자는 자신이 정한 시간 계획에 맞추어 이 문답에 있는 활동을 섞거나 수정할 수 있습니다(학습 계획을 예시한 13쪽을 참조하십시오). 그 요소들을 모두 할 시간이 없을지도 모릅니다. 여러분이 가르치는 아이들의 강점과 약점에 따라 각 활동을 자유롭게 응용하십시오.

기도하십시오

사랑이 많으신 하나님. 예수님이 다시 하늘로 올라가시자, 모든 믿는 자에게 성령님을 보내시고 그 안에 거하시게 하시니 감사합니다. 성령님의 사역을 통해서, 그리고 아버지의 우편 보좌에서 우리를 대신하여 예수님이 계속하시는 사역을 통해 예수님이 우리 삶에 친밀하게 관여하게 하시니 감사합니다. 이번 문답을 배우는 아이들에게 이해하는 마음을 주십시오. 다시 사시고 승천하신 그리스도의 사역을 이해하고 그리스도께서 우리의 대언자이자 중보자 되심을 알고 즐거워하게 해주십시오. 예수님의 이름으로 기도합니다. 아멘.

문51 | 그리스도의 승천은 우리에게 어떤 유익이 있습니까?

Notes

준비하십시오

- "문51 교리문답 정리"(다운로드)
- 종이
- 매직펜
- 바구니
- 쓰레기통 또는 양동이
- "문51 대언 요청"(자료집), 아이들이 18명 이상일 경우 2장

교리문답 정리

매직펜과 종이, 쓰레기통 또는 양동이를 준비하십시오. "문51 교리문답 정리"(다운로드)를 프린트하여 자르십시오. 자른 종이를 바구니에 넣어 두십시오.

아이들을 몇 팀으로 나누십시오. 팀마다 8장의 종이와 매직펜 하나를 주십시오.

아이들에게 바구니에는 8개의 교리문답의 답이 들어 있다고 설명해 주십시오. 이 게임의 방법은 바구니에서 고른 답에 맞는 질문을 빠르게 적는 것입니다. 바구니에 있는 8개 답 중 하나를 뽑아서 큰 목소리로 읽으십시오. 각 팀에 질문을 적을 시간을 2분 주십시오. 2분이 지나면, 질문을 읽어 주십시오. 질문을 정확하게 맞힌 팀에서 대표가 나와 종이를 구겨 통에 던지게 하십시오. 바구니에서 모든 답을 뽑을 때까지 이 게임을 반복하십시오. 통에 가장 많은 종이를 넣은 팀이 우승합니다.

문51 소개

한 나라가 새로운 왕이나 왕비를 맞을 때마다 대관식이 열리는데, 이때 새로운 군주는 그 나라를 다스리고 백성을 돌볼 책임을 부여받습니다. 예수님의 승천은 임관식으로서, 예수님이 하늘의 왕이 되신 것입니다. 예수님은 하나님이 이 땅에서 정하신 사명을 완수하고, 성부 하나님 오른편에 앉으셔서 이제 군주로 통치하십니다. 문51를 읽어 주십시오. "그리스도의 승천은 우리에게 어떤 유익이 있습니까?" 이 땅의 왕이나 왕비가 자기 백성을 돌보기 위해 애쓰는 것처럼, 예수님도 지치지 않고 자기 백성을 돌보기 위해 일하십니다. 아이들에게 이 질문을 통해 예수님이 지금 무슨 일을 하시는지 조금 더 알게 될 것이라고 말해 주십시오.

활동

"높은 자리에 있는 친구"라는 표현을 들어본 적이 있는지 물어보십시오. 그 뜻이 무엇인지 물어보십시오. 이 말은 자신이 힘 있는 자리에 있는 누군가, 즉 일을 해결해 줄 사람을 안다는 뜻입니다. 무언가가 필요하면 높은 자리에 있는 친구에게 부탁하고, 그 친구는 나를 도와줄 힘이 있는 것입니다.

아이들에게 높은 자리에 있는 친구에 관해 이야기해 줄 것이라고 말해 주십시오. 다음과 같은 단서들을 주십시오.

- 내 친구는 중요한 장소에서 일을 해. 그곳은 높은 담장으로 둘러져 있어. 내 친구가 거기에 살지는 않지만, 다른 누군가가 살고 있어. 내 친구는 거의 매일 대통령을 봐. 내 친구는 어디에서 일할까? (답: 백악관/청와대)
- 영화가 극장에서 상영되기 전에 미리 보는 친구가 있어. 내 친구는 그림을 잘 그리고 여러 배우들과 함께 일을 해. 또 거대한 쥐와 함께 일을 하지. 내 친구는 무슨 회사에서 일할까? (답: 디즈니)
- 내 친구는 일을 하려면 유니폼을 입어야 해. 어깨에는 별이 달려 있어. 내가 포로로 잡히면 나를 구하기 위해 군대를 보낼 수도 있지. 내 친구는 누구일까? (답: 장군)
- 내 친구는 원하는 대로 여러 나라를 날아 다녀. 그리고 이착륙 때 조종석으로 들어가지. 내 친구는 누구일까? (답: 비행기 조종사)
- 내 친구는 세상에서 일어나는 모든 일을 보고 들을 수 있어. 언제나 나를 도울 준비가 되어 있지. 내 친구는 아버지 옆에 앉아 계시고, 모든 것의 왕이야. 내 친구는 누구일까? (답: 예수님!)

수업 개요

수업을 시작하면서 하나님께 도움을 구하십시오. 자신이 이번 문답을 신실하게 가르치게 해 달라고, 아이들이 잘 듣게 해달라고 간구하십시오.

아이들에게 예수님은 하늘의 성부 하나님 우편에서 나오는 권세를 가지고 능동적으로 통치하신다는 점을 설명해 주십시오. 예수님은 모든 것을 다스리시는 주님이며, 자기 백성과 하나님의 영광을 위해 쉬지 않고 일하십니다.

아이들에게 대언자(advocate), 대변자, 변호인이 어떤 사람인지 아느냐고 물어보십시오. 대언자란 다른 사람의 권리를 위해 싸워 주는 사람입니다. 아이들에게 예를 들어 주십시오. 태어나지 않은 아이들을 위해 싸우는 사람은 태어나지 않은 아이들의 대언자입니다. 왕따를 당하는 아이들을 위해 싸우는 사람은 왕따 피해자들의 대언자입니다. 예수님은 모든 그리

문51 | 그리스도의 승천은 우리에게 어떤 유익이 있습니까?

Notes

스도인을 위해 대언자 역할을 하신다는 사실, 즉 그리스도인들을 하나님께 대변하십니다. 아이들에게 우주의 왕이 자신을 위해 말하신다는 사실이 어떻게 느껴지는지 물어보십시오. 아이들에게 예수님은 자기 백성의 삶에 친밀하게 관여하신다는 사실을 강조하십시오.

로마서 8장 31-39절을 읽으십시오. 아이들이 말씀을 함께 읽을 수 있도록 성경을 준비하십시오.

바울은 로마의 그리스도인들에게, 그리스도 안에서 그들이 소유한 모든 것에 확신을 주기 위해 이 본문을 쓴 것입니다. 바울은 그들에게 말합니다. "만일 하나님이 우리를 위하시면 누가 우리를 대적하리요?" 모든 그리스도인은 이 본문으로 하나님을 신뢰하고, 하나님의 영광을 위해 살도록 독려받아야 합니다.

34절을 강조하십시오. 그리고 바울은 예수님이 천국에서 자기 백성을 위해 무슨 일을 하고 계시다고 말하는지 물어보십시오. 바울은 예수님이 하나님 오른편에서 우리를 위해 간구하신다고 말합니다. 간구란 간단히 말해 기도입니다. 아이들에게 예수님이 자신을 위해 기도하신다는 사실은 이 땅의 그리스도인들에게 어떤 영향을 끼칠지 물어보십시오.

아이들에게 또한 예수님은 천국으로 올라가신 후에 자기 백성에게 성령님을 보내셨다는 점을 상기시키십시오. 성령님은 이제 예수님을 신뢰하는 모든 사람 안에 사시면서 그들이 하나님의 말씀을 읽고 이해하면서 더욱 예수님을 닮아 가도록 도우십니다.

아이들에게 예수님의 승천이 자기 백성에게 좋은 소식이 되는 여러 가지 이유를 생각해 보라고 하십시오. 예수님은 대언자이십니다. 하나님의 진노를 다 만족시키신 분으로, 그리스도인들을 대신해서 하나님께 말씀하십니다. 예수님이 하늘에 계셔서, 죄와 사망을 이기셨다는 사실은 그리스도인들이 하나님께 형벌을 받을 걱정을 절대로 하지 않아도 된다는 것을 의미합니다(이 얼마나 희망적인 생각입니까!). 예수님은 자기 백성을 위해 모든 영적 축복을 구하십니다. 그리고 자신의 영을 보내셔서 자기 백성이 자신과 함께 걸으며 자신을 더욱 닮아 가게 하십니다.

아이들이 문51과 답을 기억하도록 도우면서 수업을 마치십시오.

이 내용은 단순히 수업 지도를 위한 것입니다. 가르치는 아이들과 상황에 따라 이 내용을 확장하거나 수정하십시오. 여러분의 말로 여러분의 이야기를 쓰십시오. 그리고 아이들에게 적절하게 응용할 만한 예화나 적용을 추가하십시오.

Notes

🔟 활동

*"문51 대언 요청"(자료집)*에서 여섯 개의 다른 시나리오를 자르고, 각각 반으로 접으십시오.

아이들을 세 팀으로 나누십시오. 각 팀마다 한 사람을 대언자, 한 사람을 재판관으로 정하고, 한 사람에게 시나리오를 읽게 하십시오(옆의 예를 보십시오). 시나리오를 다 읽으면, 대언자는 재판관에게 설득력 있게 변호를 합니다. 다 끝나면 재판관에게 마음이 움직였는지 물어보십시오.

조금 더 시간이 있으면, 다른 팀과 시나리오를 교체하고 역할을 바꾸어 다른 아이가 대언자를 하게 하십시오. 두 번 정도 변호한 후에, 몇몇 상황에서는 다른 누군가가 왜 자신을 대신해서 이야기하는 것이 더 효율적인지 학생들에게 물어보십시오.

> 읽는 사람 : 4학년
> 대언자 : 교장 선생님의 아들 또는 딸
> 재판관 : 교장 선생님
>
> 여러분은 눈이 거의 오지 않는 지역에 살고 있다고 가정하십시오. 여러분은 지금 막 기상 캐스터가 내일 눈이 내릴 것이라고 예보하는 소식을 들었습니다. 그 기상 캐스터는 몇몇 학교는 휴교를 해야 할지 모른다고 말합니다. 여러분은 여러분이 다니는 학교 교장 선생님의 자녀와 친구 사이입니다. 친구에게 전화를 걸어서 내일 학교가 휴교를 하도록 교장 선생님을 설득해 달라고 요청하십시오. 변호가 끝난 뒤, 그 변호가 효과가 있는지 재판관에게 물어보십시오.

5️⃣ 토론과 질문

아이들은 다음과 같은 질문을 할 수도 있습니다.

? 예수님이 우리의 죄를 완전히 처리하셨는데, 왜 대언자가 필요한가요?

> 예수님이 하늘에 계시다는 것은 죄와 사망이 패배했고, 예수님의 죽으심이 하나님의 진노를 만족시켰다는 뜻입니다. 하나님은 우리 대신 예수님의 희생을 받으신 것입니다. 이 구원의 사역이 이미 성취된 것이기는 하지만, 예수님은 여전히 우리를 위해 중보하시며, 우리를 대신하여 하나님께 우리의 필요를 구하십니다.

? 예수님이 나를 위해 어떤 기도를 하시는지 어떻게 알 수 있나요?

> 요한복음 17장은 예수님이 자기 백성을 위해 드리시는 기도의 좋은 본입니다.

다음 질문을 통해 아이들이 자신의 삶을, 그

문51 | 그리스도의 승천은 우리에게 어떤 유익이 있습니까?

Notes

리고 이 교리문답이 각자에게 어떻게 영향을 줄지를 생각하도록 도와주십시오.

- 예수님이 하늘에서 자기 백성을 위해 계속해서 일하신다는 사실을 알고 어떤 마음이 들었나요?
- 그리스도인이 아닌 친구가 있다면 예수님이 지금 무슨 일을 하고 계신지 어떻게 설명해 줄 것인가요?

덕목 찾기

희망

다음 이야기를 아이들에게 들려 주십시오.

> 카를로스는 책 읽기를 좋아했습니다. 책에 한 번 정신이 팔리면 주위에서 무슨 일이 벌어지는지도 몰랐습니다. 하루는 학교에서 집에 가는 버스에서 새로운 모험 소설을 읽기 시작했습니다. 그런데 갑자기 버스 기사 아저씨가 "종점이에요. 다 내리세요!"라고 하는 것이었습니다. 카를로스는 정거장을 지나친 것입니다! 평소였다면 이런 일이 있을 때 기사 아저씨에게 말을 했을 것입니다. 또 그렇게 하는 것이 맞습니다. 하지만 오늘은 새로운 기사 아저씨였기 때문에 카를로스는 말도 못하고 굉장히 당황하고 말았습니다. 그래서 가방을 얼른 쥐고 버스에서 내리고 말았습니다.
> 다른 사람들은 이미 다 뿔뿔이 흩어졌습니다. 카를로스는 그곳이 어딘지 알 수 없었습니다. 자기가 어디 있는지 전혀 모르는 것입니다! 완전히 무력함을 느끼고 말았습니다. 그래서 길 한편에 쪼그리고 앉아 있었습니다.
> 그때, 카를로스는 교회에서 예수님이 천국에서 나의 대언자가 되셔서 중보기도를 하신다는 내용을 배운 기억이 났습니다. 이 생각이 들자 이제 외로운 느낌이 덜하게 되었습니다. 물론, 예수님은 카를로스를 집에 데려다주실 수 있습니다. 예수님은 성령님을 보내 주셔서 카를로스를 인도하게 하셨습니다. 카를로스는 마음에 희망이 생기는 것을 느꼈습니다. 아직 어떻게 집에 가야 할지는 몰랐지만 말입니다.
> 카를로스는 가방을 쥐고 다시 걷기 시작했습니다. 저 멀리 놀이터가 보였습니다. 가까이 가서 보니 밝은 오렌지색을 띤 그네를 알아볼 수 있었습니다. 그곳은 할머니 집 건너편에 있는 놀이터였습니다! 이제 카를로스는 건너편에 할머니 집이 있다는 사실을 완전히 확신한 채로 놀이터를 뛰었습니다. 카를로스는 도로 양쪽을 살피고 건너며 감사의 기도를 드렸습니다. 이제 창 너머에 계신 할머니가 보였습니다. 이제 더 이상 길을 잃고 헤매지 않아도 되는 것입니다!

Notes

아이들에게 어떤 생각이 카를로스에게 희망을 주었는지 물어보십시오.

암송 활동

아이들과 암송 구절 또는 교리문답을 몇 차례 읽으십시오. 그리고 나서 암송 구절 또는 교리문답에 맞는 행동을 함께 만들어 보십시오. 아이들에게 창조력을 발휘하여 최대한 많은 단어를 행동으로 표현하게 해보십시오. 그 행동을 하면서 암송 구절을 몇 번 읽습니다.

마치는 기도

아이들이 그리스도를 왕으로 세우시고 모든 것을 통치하게 하신 하나님께 감사하는 기도를 드리도록 하십시오. 예수님이 그들의 대언자이고, 천국에서 자신을 위해 대언하신다는 사실을 기뻐하도록 독려하십시오.

문52

영생은 우리에게 어떤 희망을 줍니까?

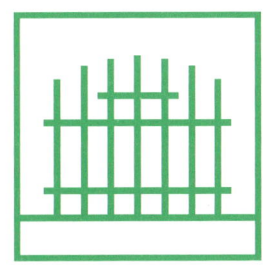

답

영생은 새 하늘과 새 땅에서 하나님과 영원히 함께 살며
그분을 즐거워하게 되리라는 사실을 일깨워 줍니다.
우리는 모든 죄에서 영원히 해방되어
새롭게 회복된 창조 세계에서 살게 될 것입니다.

핵심 개념
그리스도로 구속받은 자들은 죄에서 자유한 채로 삼위일체 하나님과 영원히 함께한다는 희망을 확실히 소유한다.

목적
아이들이 확신을 가지고 영생을 기대하도록 돕는다.

성경 본문
요한계시록 21장 1-4절

암송 구절
"또 내가 새 하늘과 새 땅을 보니 처음 하늘과 처음 땅이 없어졌고 바다도 다시 있지 않더라 또 내가 보매 거룩한 성 새 예루살렘이 하나님께로부터 하늘에서 내려오니 그 준비한 것이 신부가 남편을 위하여 단장한 것 같더라 내가 들으니 보좌에서 큰 음성이 나서 이르되 보라 하나님의 장막이 사람들과 함께 있으매 하나님이 그들과 함께 계시리니 그들은 하나님의 백성이 되고 하나님은 친히 그들과 함께 계셔서 모든 눈물을 그 눈에서 닦아 주시니 다시는 사망이 없고 애통하는 것이나 곡하는 것이나 아픈 것이 다시 있지 아니하리니 처음 것들이 다 지나갔음이러라"(계 21:1-4).

핵심 덕목
희망

Notes

기억하십시오

아이들은 자신이 처한 문화, 연령, 죽음과 관련한 경험 등에 따라 자신의 유한성에 대한 의식이 상이합니다. 대부분은 식물, 동물, 사람이 죽는다는 사실을 인식할 것입니다. 하지만 그 후에 어떻게 되는지 궁금해할 것입니다. 이번 문답은 성경이 그리스도를 통해 구속받은 자들에게 영원한 생명을 약속한다는 것을 이해하도록 도울 것입니다. 이는 그리스도인이 맞는 최후의 운명에 대해 아이들이 가지고 있는 몇몇 오해를 바로잡고 영원의 아름다움을 더 분명하게 보여 줄 것입니다. 또한 이번 문답은 아이들에게 다른 많은 종교와 대조적으로 그리스도인들은 죽음 이후의 삶에 대해 굳건한 믿음을 지니고 있음을 보여 줄 것입니다. 이번 문답의 목적은 아이들이 확신을 가지고 영생을 기대하도록 돕는 것입니다.

수업을 계획하고 가르칠 때 기억할 것들

- 아이들은 자신의 유한성을 이해하기 어려워 할 것입니다.
- 사후 세계는 종종 추상적인 용어로 이야기될 때가 많습니다. 하지만 성경은 구체적인 언어로 말합니다. 아이들이 새 하늘과 새 땅은 실재하는 물리적 장소임을 알 수 있도록 도우십시오.
- 아이들 중에 가족과 사별하여 죽음에 대한 이야기에 민감한 친구가 있을지 모릅니다. 다른 한편으로는 자신의 경험 때문에 죽음에 대해서 더 이야기하고 싶어 할 수도 있습니다.
- 그리스도인이 아닌 가족이 있기 때문에, 사랑하는 사람과 영원히 분리된다는 생각 때문에 괴로워하는 아이가 있을 수도 있다는 사실에 유의하십시오.
- 인도자는 자신이 정한 시간 계획에 맞추어 이 문답에 있는 활동을 섞거나 수정할 수 있습니다(학습 계획을 예시한 13쪽을 참조하십시오). 그 요소들을 모두 할 시간이 없을지도 모릅니다. 여러분이 가르치는 아이들의 강점과 약점에 따라 각 활동을 자유롭게 응용하십시오.

기도하십시오

영원하신 하나님, 새 하늘과 새 땅에서 하나님과 영원을 함께할 수 있다는 희망을 주시니 찬양을 드립니다. 하나님을 사랑하는 모든 자에게 영생을 주시기로 약속하시니 감사합니다. 하나님의 임재 가운데 영원히 살 수 있다는 소망으로 힘을 얻어 날마다 하나님의 영광을 위해 살아가게 해주십시오. 이번 문답을 배우는 아이들에게 이해하는 마음을 주십시오. 아이들의 눈이 일시적인 것에서 영원으로 옮겨지게 하시고 영생의 소망으로 충만하게 해주십

문52 | 영생은 우리에게 어떤 희망을 줍니까?

시오. 예수님의 이름으로 기도합니다. 아멘.

Notes

준비하십시오
- 화이트 보드와 펜 두 개
- 커다란 종이
- 매직펜
- 타이머(휴대 전화 타이머도 좋음)
- 여행안내 책자
- 종이
- 펜
- "문52 암송 활동"(자료집), 아이 수만큼

교리문답 정리

화이트 보드와 펜 두 개를 준비하십시오.

아이들을 두 팀으로 나누고 두 명씩 짝을 이뤄 줄을 서게 하십시오. 맨 첫 번째 줄에 있는 아이들이 짝과 함께 앞에 있는 화이트 보드로 나오도록 하십시오. 각 팀의 첫 번째 줄에 있는 아이들이 나오고 나면, 뒤를 이어 두 번째 아이들이 나오게 하고 그 이후도 계속 순서대로 나오게 하십시오.

아이들에게 질문을 읽어 주십시오. 먼저 화이트 보드에 답의 첫 글자를 쓰는 팀이 점수를 얻습니다(다른 팀원들이 답을 말해서는 안 됩니다). 아이들이 돌아가면서 문1에서 문51까지 답의 첫 글자를 모두 쓰게 될 때까지 계속 진행하십시오.

문52 소개

아이들에게 종교마다 사후 세계를 다르게 설명한다고 말해 주십시오. 아무런 믿음이 없는 사람은 이 삶으로 끝난다고 믿을 것입니다.

성경은 모든 그리스도인이 영생의 선물을 받을 것이라고 분명하게 가르칩니다. 사람들은 대부분 영생을 생각할 때 천국만을 떠올리지만 사실 성경은 영원을 새 하늘과 새 땅이라는 용어로 묘사합니다. 죽은 그리스도인들의 영혼은 천국으로 가서 하나님과 함께 거하지만, 예수님이 돌아오실 때 하나님은 우리에게 새로운, 부활의 몸을 주실 것입니다. 그때 하나님은 만물을 새롭게 하실 것입니다. 하나님은 이 땅도 새롭게 하십니다.

아이들에게 영원이란 단지 천국에서만이 아니라 새로운 땅에서도 사는 것이라는 점이 놀랍지 않았는지 물어보십시오.

문52를 읽어 주십시오. "영생은 우리에게 어떤 희망을 줍니까?" 이 질문을 통해 그리스도

Notes

인에게 영생이 무엇을 의미하는지 조금 더 알게 될 것이라고 설명해 주십시오.

활동

커다란 종이와 매직펜을 준비하십시오. 다음 목록을 종이에 적으십시오.

- 신부
- 눈물이 없음
- 사망이 없음
- 남편
- 새 하늘
- 새 땅
- 큰 음성
- 거룩한 성

아이들을 몇 팀으로 나누고 각 팀에 커다란 종이와 매직펜을 나눠 주십시오. 각 팀에서 한 사람씩 나와 인도자에게서 단어를 하나씩 받아 가라고 하십시오. 단어를 받은 아이는 각자 자기 팀으로 달려가 그 단어를 그림으로 표현하도록 하십시오. 절대로 말을 해서는 안 됩니다! 팀이 그 단어를 정확하게 맞힌 것 같다면, 다른 팀원이 인도자에게 와서 그 단어를 말하도록 하십시오. 정답이면 인도자는 아이에게 다른 단어를 주십시오. 타이머를 10분으로 맞추십시오. 10분 동안 가장 많은 단어를 맞힌 팀이 우승합니다.

성경은 새 하늘과 새 땅에 대해 많은 것을 가르치고 있다는 점을 아이들에게 설명해 주십시오. 하지만 새 하늘과 새 땅이 어떤 모습일지를 정확히 이해하기란 어려울 수도 있다는 점을 강조하십시오. 우리는 제한된 인간의 용어로 생각하기 때문입니다. 그래서 새 하늘과 새 땅을 언급하는 성경 본문들은 사람들에게 친숙한 이미지(신부, 성, 눈물)를 사용합니다. 또한 그러한 이미지를 통해 우리는 영원이 어떤 모습인지 더 잘 이해할 수 있습니다.

수업 개요

여행안내 책자를 준비하십시오.

수업을 시작하면서 하나님께 도움을 구하십시오. 자신이 이번 문답을 신실하게 가르치게 해달라고, 아이들이 잘 듣게 해달라고 간구하십시오.

아이들에게 여행안내 책자를 보여 주십시오. 여행안내 책자들은 그 장소가 실제로 어떠한지를 살짝 보여 줄 뿐입니다. 사람들이 그 장소를 직접 경험할 때까지는, 그 경이로움과 아름다움을 온전하게 즐길 수 없습니다.

그리스도인들은 성경을 읽음으로 하나님의 임재 안에 누리는 영원함이 무엇인지를 이해하고 즐길 수 있습니다. 하나님은 자기 백성에게 영원을 사모할 수 있는 충분한 정보를 주셨습니다. 하지만 우리 상상보다도 그곳이 더 아름답고 놀라운 곳이라는 점은 의심의 여지가 없습니다.

요한계시록 21장 1-4절을 읽으십시오. 아이들이 말씀을 함께 읽을 수 있도록 성경을 준비하십시오.

이 구절을 쓴 사람은 요한입니다. 하나님은 요한에게 미래가 어떠할지를 볼 수 있는 능력을 주시고 그리스도인들을 위해 기록하게 하셨습니다.

언젠가 하나님의 백성은 새롭고 아름다운 땅에서 영원히 살게 될 것입니다. 하나님은 첫 번째 하늘과 첫 번째 땅은 지나가게 하실 것이고, 그 후에는 새 하늘과 새 땅이 있을 것입니다. 아이들에게 그리스도인들은 대부분 천국에 대해서 생각하지만 그것이 끝은 아니라고 말해 주십시오. 예수님을 통해 하나님께 구원받은 자들은 새로운 부활체를 입게 될 것이고, 하나님의 완벽한 장소에서 영원히 살 것입니다.

아이들에게 이것은 참으로 놀라운 소망이라고 설명해 주십시오! 하지만 더욱 놀라운 사실이 있습니다. 본문 3절은 하나님이 자기 백성과 함께 거하실 것이라는 점을 보여 줍니다. 언젠가 하나님이 새로운 창조 세계에서 자기 백성과 함께 살 것이라는 약속에 대해서 어떤 생각이 드는지 아이들에게 물어보십시오.

그 다음에는 아이들에게 4절 말씀을 찾아보게 하십시오. 사망이 없고 애통하는 것이나 곡하는 것이나 아픈 것이 다시 있지 않을 것입니다! 아이들에게 무엇이 이런 것들을 초래하였는지 물어보십시오. 결국 이 모든 것은 죄까지 소급될 수 있습니다. 새로운 창조 세계에는 죄가 없기 때문에 죄의 부산물도 더 이상 존재하지 않습니다. 죄에서 자유하게 된 그리스도인들은 영원토록 하나님을 완벽하게 즐거워할 수 있습니다.

영원한 생명의 소망은 그리스도인들에게 놀라운 것입니다! 앞으로 기대할 것이 무척 많다는 사실, 또한 하나님과 영원히 함께 살아갈 것이라는 소망이 있기에 그리스도인들은 지금 이 땅에서 용기를 가지고 살아갈 수 있습니다.

아이들이 문52와 답을 기억하도록 도우면서 수업을 마치십시오.

이 내용은 단순히 수업 지도를 위한 것입니다. 가르치는 아이들과 상황에 따라 이 내용을 확장하거나 수정하십시오. 여러분의 말로 여러분의 이야기를 쓰십시오. 그리고 아이들에게 적절하게 응용할 만한 예화나 적용을 추가하십시오.

Notes

Notes

활동

아이들에게 종이와 사인펜을 나눠 주십시오.

우선 아이들에게 종이 상단에 자신의 이름을 쓰게 하십시오. 그러고 나서 살아 있는 인물 중에 자신이 가장 만나고 싶은 사람의 이름을 적게 하십시오. 스포츠 스타, 영화 배우, 작가, 가수, 또는 보고 싶지만 먼 곳에 살고 있는 사람 등이 될 수 있습니다. 아이들에게 잠시 시간을 주고 자신이 가장 좋아하는 음식점의 이름을 쓰게 하십시오.

 아이들이 적은 종이를 걷으십시오. 아이들이 쓴 내용을 기초로 각 아이에게 해당하는 질문을 만들어 내십시오. 다음을 참고하십시오. "○○(아이 이름)아, 너는 집에서 ○○(가장 만나고 싶은 사람 이름)와 식사를 하고 싶니, 아니면 ○○와 함께는 아니지만 ○○(가장 좋아하는 음식점 이름)에서 밥을 먹고 싶니?" 선택은 두 가지 중 하나입니다. 자신이 좋아하는 사람을 집에서 만나 보는 것, 아니면 그 사람은 없지만 자기가 좋아하는 음식점에 가는 것입니다. 아이들은 대부분 자기가 좋아하는 스타를 만나 보는 편을 선택합니다.

 아이들에게 어떤 장소는 정말 대단하지만, 누군가를 만나는 것이 더 좋다는 점을 설명해 주십시오! 내생(life to come)에서 가장 좋은 것은 바로 하나님의 임재입니다. 우리는 최고의 사람들 사이에서 최고의 장소를 경험하게 될 것입니다!

토론과 질문

아이들은 다음과 같은 질문을 할 수도 있습니다.

? 영원은 지루하지 않을까요?

 네. 지루하지 않습니다! 영원이 지루할 것이라고 생각하는 사람은 하나님이 누구시며, 어떤 분인지에 대해서 잘못 알고 있는 사람입니다. 하나님은 즐거움과 흥미가 가득한 이 세상을 창조하셨습니다. 이것은 분명한 진리입니다. 따라서 새 하늘과 새 땅은 그보다 훨씬 좋을 것입니다!

? 그렇다면 우리는 몸을 지닌 채로 다니게 되나요?

 그렇습니다! 새 땅이란 정말로 존재하는 실질적인 장소이며 모든 사람이 물리적인 육체를 지니게 됩니다. 유령처럼 둥둥 떠다니는 사람은 없을 것입니다. 이 새로운 몸은 병들지도 않습니다.

? 사람은 죽으면 천사로 변하나요?

 그렇지 않습니다! 때로 몇몇 영화는 사람이 천사로 변하는 것이라는 암시를 주기도 하지만 천사들은 세상이 창조되기도 전에 존

문52 | 영생은 우리에게 어떤 희망을 줍니까?

재했다고 성경은 가르칩니다. 천사는 한때 인간이었던 존재가 아니라 완전히 다른 범주의 피조물입니다. 마찬가지로 인간은 영원히 인간입니다. 우리는 천사가 될 수 없습니다.

다음 질문을 통해 아이들이 자신의 삶을, 그리고 이 교리문답이 각자에게 어떻게 영향을 줄지를 생각하도록 도와주십시오.

- 새로운 창조 세계에서 하나님과 영원히 함께할 것이라는 생각에 신이 납니까?
- 새 하늘과 새 땅에 대해 걱정되는 것이 있습니까?
- 하나님과 영원히 함께할 것을 확신하나요?

덕목 찾기

희망

아이들에게 종이와 사인펜을 나눠 주십시오.

이 세상의 많은 사람은 죽은 후에는 더 이상 우리가 존재하지 않는다고 믿습니다. 우리는 그리스도인으로서 죽은 후에 계속해서 살아갈 뿐만 아니라, 현재 우리가 살고 있는 타락한 세상보다 훨씬 좋은 곳에서 살게 될 것임을 자신 있게 희망합니다.

비록 죄, 아픔, 사망이 없는 삶이 어떠할지를 **온전히** 상상할 수는 없지만, 그 모습이 어떠할지 생각만 해도 우리를 소망으로 가득하게 합니다!

아이들에게 미래의 자신이 현재의 자신에게 보내는 편지를 써 보라고 하십시오. 상상력을 발휘하여 새 하늘과 새 땅의 모습을 묘사해도 좋다고 하십시오. 또한 아이들에게 미래의 새 땅에 대해 아는 것을 근거로 현재의 자아에게 조언을 해보라고 하십시오. 시간을 준 후에는 자원자를 받아 자신의 편지를 읽어 보게 하십시오.

아이들에게 성경이 희망을 이야기하는 방식은 상상이나 생각이 아니라는 점을 상기시키십시오. 우리의 희망이란 하나님의 말씀을 확신하는 것입니다!

Notes

🕙 암송 활동

아이들에게 "문52 암송 활동"(자료집)을 복사하여 하나씩 나눠 주십시오. 색연필을 나눠 주십시오.

이것은 암송 구절이라기보다는 암송 본문이라고 할 수 있습니다. 수업 시간에 이 구절을 익히도록 애쓰기보다는 여러 번 함께 읽고 이 구절이 묘사하고 있는 그림을 머릿속에 그리면서 그 내용을 묵상해 보도록 독려하십시오. 아이들이 암송 구절을 집에도 가져가 암기해 보도록 하십시오.

🕔 마치는 기도

아이들에게 영생의 소망을 주시고, 성부, 성자, 성령 하나님과 영원히 함께하는 삶을 기대하게 해주신 하나님께 감사하는 기도를 드리도록 하십시오.

인도자 가이드 3

성령 하나님
회복
성화

감사의 말

우리는 이 커리큘럼을 출간해 준 크로스웨이 출판사에 감사드립니다. 또한 날카로운 눈으로 편집해 준 타라 데이비스와, 이 작업을 감독한 데이브 드위트와 조쉬 데니스에게 특별히 감사하고 싶습니다.

리디머 시티 투 시티(Redeemer City to City)와 리디머 장로교회(Redeemer Presbyterian Church)는 복음 연합(The Gospel Coalition)에서 「뉴시티 교리문답 커리큘럼」을 만들 수 있도록 허락해 주었습니다. 「뉴시티 교리문답 커리큘럼」은 원래 티모시 켈러와 샘 샤머스가 작업하여 만든 「뉴시티 교리문답」을 발전시킨 것입니다.

존 템플턴 재단(John Templeton Foundation)에서 복음 연합에 너그러이 승인해 주었기 때문에 이 프로젝트를 수월하게 진행할 수 있었습니다. 초기부터 이 프로젝트가 지닌 잠재적 특성과 덕목을 믿어 준 리처드 볼링어와 사라 클레멘트에게 감사합니다. 또한 복음 연합의 벤 피즈와 댄 올스에게 감사합니다. 그들은 이 프로젝트가 단순한 발상에 지나지 않을 때, 존 템플턴 재단과 긴밀한 작업을 진행해 나갔습니다.

우리는 덕목 개발에 대해 조언과 생각을 제시해 준 풀러 신학교의 사라 슈니커와 킴벌리 그리스울드, 활동 내용에 대해 조언해 준 교육가 케이틀린 누너리, 아이들의 심리 발달에 대해 조언해 준 심리학자 브렌트 바운즈에게도 감사드립니다.

복음 연합의 베스티 하워드는 「뉴시티 교리문답 커리큘럼」의 편집 주간으로 섬겨 주었고, 콜린 한센은 신학 감수를 맡아 주었습니다.

가장 중요한 것은 이 커리큘럼의 주요 저자가 없었다면 이 커리큘럼이 열매를 맺지 못했으리라는 것입니다. 오크힐 신학 대학의 멜라니 레이시는 수년 동안 교리 교육을 지지하고 교회에서 어린이 사역에 몸 담은 경험을 통해 이 커리큘럼을 구성하고 각 과를 더 풍성하게 만들 수 있었습니다.

「뉴시티 교리문답 커리큘럼」이 나오기까지 많은 사람이 수고했습니다. 우리는 모두 아이들이 사나 죽으나 자신의 유일한 희망을 예수 그리스도께만 두는 세대로 자라나는 데 이 커리큘럼이 사용되길 소망합니다.

뉴시티 교리문답 커리큘럼 인도자 가이드 3

초판발행	2018년 11월 30일
지은이	복음 연합
옮긴이	죠이선교회 출판부
발행인	김수억
발행처	죠이선교회(등록 1980. 3. 8. 제5-75호)
주　소	02576 서울시 동대문구 왕산로19바길 33
전　화	(출판부) (02) 925-0451
	(죠이선교회 본부, 학원사역부, 해외사역부) (02) 929-3652
	(전문사역부) (02) 921-0691
팩　스	(02) 923-3016
인쇄소	송현문화
판권소유	ⓒ 죠이선교회
ISBN	978-89-421-0399-7 04230
	978-89-421-0396-6 04230(세트)

책값은 뒤표지에 있습니다.
잘못된 도서는 교환하여 드립니다.
이 책의 내용을 허락 없이 옮겨 사용할 수 없습니다.

이 도서의 국립중앙도서관 출판예정도서목록(CIP)은 서지정보유통지원시스템 홈페이지(http://seoji.nl.go.kr)와 국가자료공동목록시스템 (http://www.nl.go.kr/kolisnet)에서 이용하실 수 있습니다. (CIP제어번호 : CIP2018035841)